PRÉFACE
DE
M. l'Abbé E. WETTERLÉ
ancien Député du Reichstag

J. SIMONIN
Médecin-Inspecteur
de l'Armée

# DE VERDUN à MANNHEIM

## ETHE ET GOMERY

### (22, 23, 24 Août 1914)

PIERRE VITET, Éditeur
60, Rue Mazarine, 60
PARIS (VIe)

—

# DE VERDUN
## à MANNHEIM

**J. SIMONIN**

Médecin-Inspecteur
de l'Armée

# DE VERDUN
# à MANNHEIM

## ETHE ET GOMERY

### (22, 23, 24 Août 1914)

PRÉFACE
de M. l'Abbé E. WETTERLÉ
Ancien Député au Reichstag

PIERRE VITET, ÉDITEUR
60, rue Mazarine, 60
PARIS (VIᵉ)

# A LA MÉMOIRE

de Maxence de CHARETTE de la CONTRIE, Médecin Aide-Major de 1ʳᵉ classe au 26ᵉ régiment d'artillerie de campagne ;

du Médecin auxiliaire VAYSSIÈRES, dudit régiment ;

du lieutenant JEANNIN, du 103ᵉ régiment d'infanterie ;

de l'étudiant en médecine GRIMBERT ;

du lieutenant interprète DESCHARS ;

des infirmiers et blessés de toutes armes de la 7ᵉ Division d'Infanterie ;

lâchement assassinés par les Allemands dans les postes de secours d'ETHE et de GOMERY,

*Je dédie ce livre !!!!*

# PRÉFACE

—

On ne pourra tenter d'écrire l'histoire de la guerre actuelle que dans une dizaine d'années. La scène de ce drame monstrueux, auquel sont mêlés vingt millions d'acteurs et dont toute l'humanité suit les péripéties tragiques avec une anxiété croissante, est si vaste, les actes héroïques des uns, les vils attentats contre le droit des gens des autres, sont si nombreux et se succèdent avec une rapidité si foudroyante que nous n'avons presque plus le temps de nous y arrêter. Une émotion en chasse une autre et notre sensibilité, mise à trop dure et trop longue épreuve, et notre mémoire, obligée d'enregistrer trop de souvenirs, se brouillent et s'émoussent.

Pour reconstituer le plus grand drame de l'histoire, il sera nécessaire, plus tard, de recourir aux monographies qui auront définitivement fixé quelques incidents strictement localisés. C'est de cette accumulation d'esquisses rapides, prises au jour le jour, par les peintres du front, que les historiens de l'avenir se serviront pour ébaucher le tableau synthétique de la rencontre des peuples.

Parmi ces plaquettes, les souvenirs poignants du médecin inspecteur Simonin occuperont une place de choix. Impressions vécues, enregistrées au jour le jour, souci constant de ne donner que des faits précis, tout y est loyal, sincère, impartial.

M. Simonin est un chroniqueur sobre, qui ne cherche pas à colorer les événements. Il laisse parler simplement les faits et de son récit, volontairement dépourvu d'images, la vérité jaillit, vérité attristante qui fait éclater à nos yeux l'opposition irréductible entre la barbarie allemande et la générosité gauloise.

Les crimes d'Ethe et de Gomery resteront l'éternelle flétrissure de l'armée germanique. Jamais vainqueur ne fit preuve d'une sauvagerie aussi rebutante, d'un tel sadisme de cruauté. Comment un peuple, qui se disait civilisé, a-t-il pu se laisser entraîner à de pareilles ignominies? La mentalité allemande éclate là dans toute son horreur. Les plats valets de la caste militaire, pliés depuis leur enfance à une discipline de fer, ont trouvé des malheureux encore plus faibles qu'eux, et ils se sont vengés sur eux de toutes les humiliations qu'ils avaient dû subir. Avec quelle joie féroce, les esclaves, habitués aux injures et aux coups, ont massacré des hommes et des femmes sans défense ? C'était la revanche d'une vie entière de servitude.

L'état-major allemand avait, sans doute, organisé ces abominations, D'après la théorie des grands écrivains militaires de l'Allemagne, une guerre, pour être courte, doit être cruelle; il importe, avant tout, de terroriser l'ennemi.

Les ordres reçus ne suffisent cependant pas à expliquer l'atrocité des incendies, des massacres, du pillage. Les exécuteurs des basses œuvres des grands chefs devaient eux-mêmes être atteints de perversion native, pour trouver, dans l'exécution du programme, de pareils raffinements de barbarie.

L'Allemand élevé à l'école de la servitude devient par éducation (il l'est déjà par atavisme) cruel quand il se sait le maître. Cet être ignoble ignore la générosité vis-à-vis des faibles, parce qu'il n'a lui-même jamais connu que la dureté chez ses maîtres et ses chefs.

Par contre, il se transforme de nouveau en

laquais obséquieux, dès qu'il se trouve en présence d'un adversaire plus fort que lui. La seconde partie des mémoires de M. Simonin l'établit clairement.

Les pages qu'on va lire sont d'un poignant intérêt. Il est à souhaiter qu'elles trouvent de nombreux lecteurs, surtout sur le front.

Quand on vous demandera d'épargner les Allemands vaincus, Français, vous vous souviendrez d'Ethe et de Gomery.

E. WETTERLÉ
Ancien Député au Reichstag

# DE VERDUN A MANNHEIM

## CHAPITRE PREMIER

L'opinion française a la mobilisation. — de paris a verdun. — les côtes de meuse. — l'entrée en belgique a ruette.

Le 2 août 1914 s'inscrira parmi les dates les plus mémorables dans l'histoire de la France. Ce jour-là, à 16 heures, Paris se couvrit brusquement d'affiches blanches; c'était l'annonce officielle de la mobilisation. En un clin d'œil, on vit, vers les gares, la ruée patriotique d'une foule ardente et émue; toutes les classes de la société s'y rencontraient, fraternellement mélangées dans la communion du même sacrifice. A partir de 22 heures, les trains, exclusivement militaires, se succédèrent régulièrement pendant cinq jours, transportant aux quatre coins du pays ses défenseurs mobilisés.

Depuis de longues années, la France, profondément consciente des maux terribles que déchaîne la guerre, s'efforçait de garder son sang-froid et sa patience, en face des provocations allemandes. La coupe d'amertume débordait enfin, le sol était violé! La perspective des prochains combats, où la race montrerait qu'elle n'avait pas dégénéré, faisait bondir les cœurs; l'instant était venu d'affronter l'ennemi héréditaire. Les fils des vaincus de l'année fatale, dont l'enfance attristée avait connu les jours sombres de l'invasion, s'élançaient au combat, avec la conviction inébranlable qu'ils vengeraient leurs pères et réveilleraient la splendeur, trop longtemps humiliée, de nos drapeaux.

Le 3 août, la presse parisienne, par la voix de ses meilleurs leaders, jetait à la France d'émouvants appels et proclamait, en termes d'un lyrisme de circonstance, le sens de « La Grande Guerre ». C'était le début de la solennelle croisade, qui devait entraîner le monde entier pour la défense de la justice, du droit, de la liberté.

On relira, non sans émotion, l'article né sous la plume de Maurice de Waleffe[1]. Il traduit fidèlement la pensée française au cours de ces mémorables journées; les événements qui sui-

---

1. *Paris-Midi,* 3 août 1914.

virent lui donnent une allure prophétique
d'une belle envolée.

« Debout France, Christ des Nations! C'est
« ton heure, car c'est l'heure de souffrir pour
« le droit!

« Cette guerre sera la dernière des grandes
« guerres de la Révolution. A cent-vingt-cinq
« ans de distance, nous nous retrouvons, les
« Prussiens et nous, des deux côtés de la bar-
« ricade : eux, du côté des privilèges de nais-
« sance défendus par la brutalité; nous, du
« côté des droits de l'homme assis sur la raison
« et la libre discussion.

« Armée de princes et de barons faisant
« marcher leurs valets à coups de plat de
« sabre.... Armée de républicains, tous égaux,
« où l'officier est le frère aîné du soldat;
« l'humanité aurait-elle dormi pendant vingt
« siècles?... Nous nous frottons les yeux et
« nous croyons nous réveiller aux matins
« héroïques de Jemmapes et de Valmy.

« Est-ce donc la vanité des sempiternels
« recommencements?... Non point. Les sol-
« dats de l'An II étaient seuls contre toute
« l'Europe. Leurs descendants de 1914 voient
« la situation totalement retournée : dans ce
« long intervalle, l'idée de liberté faisait son
« chemin. L'Europe opérait un long mouve-
« ment tournant. Ce sont les pandours de
« Berlin qui maintenant restent seuls. A part

« l'Empire d'Autriche — fantôme sans forces,
« rongé comme le tronc d'un arbre pourri,
« dans lequel vingt jeunes peuples, ivres de
« liberté, s'agitent comme des ruches en tra-
« vail — où sont, en 1914, les Souverains alliés
« de 1814?... L'Angleterre de Waterloo... elle
« est avec nous. La Russie d'Austerlitz... avec
« nous. L'Espagne et l'Italie... avec nous. Les
« Royaumes des Balkans, alors esclaves, libres
« maintenant, reconnaissent et saluent dans la
« France l'éternel champion de la Liberté du
« Monde.

« Que dis-je?... Notre cause sacrée va
« éveiller, par delà des océans, tout ce qui, sur
« le globe, porte un cœur d'homme capable de
« battre pour la justice. C'est le Canada, c'est
« l'Australie, c'est le Japon. Une immense
« vague de réprobation, un mascaret de fureur
« indignée, s'élève sur les plages les plus loin-
« taines, sous des soleils que nous ne verrons
« jamais, mais où vivent pourtant des cerveaux
« qui ont été allumés à notre lumière, des
« bouches qui ont appris à murmurer le nom
« de Français.... Cette houle terrible s'avance
« en grossissant et en grondant contre l'abo-
« minable repaire de pillards qui prétendent
« gouverner l'humanité moderne par la peur
« abjecte ou par les mutilations sanglantes.

« L'Allemagne vient de déclarer la guerre
« au genre humain. Nous allons lui rendre le

« bien pour le mal, c'est nous qui allons
« l'affranchir de la poignée de hobereaux qui
« abuse d'elle et la déshonore. Cervelles de
« Vautours.... Nous vous ferons sauter hors
« du casque prussien, comme le ver hors du
« fruit. Dehors, les rapaces de Berlin.... Il n'y
« a pas de place pour les corbeaux dans les
« jardins de la terre.... Qu'ils aillent régner
« sur les charniers, puisqu'aux charniers seuls,
« ils trouvent délices à leur goût et curée à
« leur bec. »

De son côté, Georges Clemenceau publiait
dans un des premiers numéros du *Bulletin des
Armées*[1], un impressionnant appel : « Pour nos
soldats », qui portait aux frontières le salut et
les vœux du Pays.

« Le soldat de France est à la frontière,
« équipé, armé, d'esprit alerte et de cœur
« chaud, prêt à la suprême détente de toutes
« ses énergies. Je l'ai vu partir, une espérance
« grave aux yeux, tout à la joie recueillie du
« chant intérieur, lui annonçant l'entrée dans
« le champ magnifique de la gloire française,
« où il allait rejoindre l'histoire des aïeux.

« Souriant et résolu, maintenant il attend
« l'autre, celui que son maître envoie pour
« conquérir de la terre de France à son usage

1. *Bulletin des Armées de la République*, 12 août 1914, n° 3.

« d'Allemand, celui qui se plaît au massacre
« des populations désarmées, celui qui fait
« brûler, piller, et ne connaît d'autres lois que
« l'instinct bestial de la cruauté.

« Nos anciens ont vécu des siècles de
« misère, pour chercher, dans la morne souf-
« france, les voies obscures d'une société meil-
« leure. On ne peut pas dire la muette désola-
« tion des générations qui se sont succédées.
« Et voilà qu'il y a plus de cent ans, a éclaté
« dans le monde, un grand cri de la France
« qui demandait Justice et Liberté. Et les
« peuples se sont levés à cette voix nouvelle,
« et la civilisation de l'homme moderne a
« été fondée, non sans de terribles luttes
« intérieures et de grands combats contre
« l'étranger.

« Alors on vit les pères de ceux qui sont
« aujourd'hui devant vous, quitter leur Alle-
« magne de servitude misérable, pour tenter
« de soumettre à leur propre joug cette France
« que leur chef menaçait d'exécution som-
« maire, parce qu'elle annonçait l'espoir d'une
« nouvelle humanité. C'était des paysans, des
« paysans Français de grand cœur et de noble
« pensée. Mal équipés, souvent mal com-
« mandés ils coururent aux armes, et sans
« qu'on sache bien comment, ils refoulèrent
« les meilleurs soldats de l'Europe, orgueil des
« armées ennemies.

« Oui, on ne sait pas scientifiquement com-
« ment c'est arrivé. Des écrivains discutent
« là-dessus, et quelques-uns même affirment
« qu'aux termes des bonnes règles, la victoire
« fut en faute de s'être prononcée pour nous
« contre les savants dans l'art de batailler. A
« tort ou à raison, l'étranger tourna le dos,
« cependant que la France délivrée put procla-
« mer qu'elle devait son salut, avec la sauve-
« garde des grandes idées humanitaires, au
« courage de ses enfants.

« Telle est l'histoire de nos ancêtres qui
« serait trop belle, si tant d'héroïsme à la fron-
« tière n'avait été sinistrement accompagné
« des pires violences de guerre civile que le
« monde ait jamais vues.

« Il arrive maintenant qu'un incroyable
« recommencement de la destinée nous met
« face à face avec ces mêmes hommes d'Alle-
« magne, qui, nous ayant surpris désarmés, il
« y a quarante ans, jugent que l'heure est venue
« de nous achever. C'est pour maintenir le
« droit de la France à la vie, que tous les
« hommes de France se retrouvent debout,
« côte à côte, corps et âme tendus sur
« l'arme qui va nous affranchir à nouveau de
« l'étranger.

« Tous unis, cette fois, par conséquent tous
« invinciblement forts. Toute haine abolie. La
« tradition des déchirements passés, nous ne

« la connaissons pas. Nous ne savons plus
« rien, sinon que nous sommes les enfants de
« la même France et que cette mère de beauté,
« de grandeur, de vaillance, a besoin de nous.
« Elle a dit : « A moi ». Et nous nous sommes
« retrouvés frères, stupides d'avoir pu croire
« que nous étions ennemis. Et l'ardeur de ce
« premier élan est tel que nous nous trouvons
« autres, tout en étant les mêmes, et que nous
« ne pourrons jamais plus nous regarder obli-
« quement, comme autrefois.

« Heureux soldats, qui représentez la France
« totale, plus heureux que ceux de l'An IV,
« qui la rêvèrent ainsi, mais à qui ne fut point
« donnée la joie de la réaliser. Heureux sol-
« dats qui voyez, qui vivez la France unie pour
« un recommencement d'histoire, où les an-
« tiques forces, jaillies de l'ancien tronc, vont
« recevoir bientôt de vos mains triomphantes,
« la parure des branches nouvelles. Cette
« France-là, vous la faites, heureux soldats
« des grandes journées ; vous la révélez dans sa
« splendeur, en lui donnant votre corps, votre
« cœur, tout ce que vous avez reçu d'elle, le
« plus pur de votre vie. Et parce qu'elle est
« immortellement grande, noble et belle, et
« que vous êtes de sa chair, de sa volonté, de
« sa flamme, le sacrifice que vous lui apportez
« vous égale aux hommes des sommets. Vous
« ne réservez rien, vous donnez tout pour con-

« tinuer l'histoire de France. Fasse mieux qui
« pourra. Vos fils sauront qu'ayant reçu la
« charge d'un grand passé de labeur et de
« sang, votre noblesse fut d'y apporter labeur
« et sang à votre tour.

« Au soir de Valmy un grand esprit, perdu
« dans l'armée allemande, frappé d'un trait de
« lumière au spectacle incroyable de la victoire
« des Français, annonça qu'un nouvel ordre
« du monde allait sortir de cette décisive jour-
« née. Et ce fut ainsi. Heureux soldats qui
« faites, de vos fortes mains, une journée plus
« belle encore, puisque de cette France douce
« et fière, que vous allez sauver des outrages
« de la Barbarie, doit s'élever par la haute
« vertu de votre solidarité fraternelle une
« meilleure patrie des Français et des hommes,
« pour le bien de l'Humanité. »

*6 août 1914.* — Paris dort : il est minuit....
Le quartier général de la 7° division, rassemblé
dans la cour de l'Ecole militaire, se met discrètement en route pour la gare de Vaugirard.
Nous embarquons avec ordre et sans encombre, voitures, chevaux et gens, et le 7 août,
à l'aube, notre train démarre pour une direction inconnue. A Noisy-le-Sec, la population nous jette des fleurs et nous acclame....
A Meaux, le train s'arrête, nous avons la visite
de Mgr Marbeau : aux officiers, il donne un

petit crucifix, aux soldats une médaille; il appelle sur nous la bénédiction du Dieu des armées.

Nous atteignons Reims à 15 heures; une pluie fine tombe depuis dix heures du matin. Où allons-nous?... à Verdun, dit-on. Des aviateurs allemands ont été signalés dans la région; un poste de 15 hommes est installé sur un truc avec mission de surveiller le ciel, mais aucune bombe ne vient accidenter notre voyage. La nuit tombe rapidement, nous nous laissons gagner par le sommeil.

*8 août 1914.* — Une heure du matin, nous sommes à Verdun, gare de débarquement. L'obscurité est profonde, les chevaux s'ébrouent au sortir des wagons; on les harnache au petit bonheur, puis ils sont conduits, en main, jusqu'au pont du chemin de fer; là nous nous mettons en selle pour gagner Vacherauville, notre premier cantonnement. En traversant la Meuse, nous croisons un convoi de 150 uhlans faits prisonniers par les chasseurs à pied; ils s'attendaient à être fusillés. En Allemagne, on disait que les Français ne feraient pas de quartier.... La route contourne Verdun, sous le fort de Belleville et serpente au flanc de la côte de Froide-Terre. Nous traversons le village de Bras, on y fait une courte halte; en route, j'engage la conversation avec un dragon de l'es-

corte, engagé pour la durée de la guerre. C'est
Binet-Valmer, un des jeunes représentants de
l'école littéraire moderniste; il se réjouit à
l'idée de recueillir de nombreux documents en
vue de l'avenir. Cette moisson se réduit pour
l'instant à une morne et humide chevauchée
au pas et au petit trot; cela manque réellement
d'intérêt. Nous voici enfin à Vacherauville, il
est 3 heures du matin; mais par un fâcheux
contre-temps, le village est encore occupé par
le 130e régiment d'infanterie de la 8e division.
Il faut attendre patiemment le réveil pour lui
succéder dans les cantonnements.

Les lambris dorés sont rares dans ce modeste
village de la Meuse; je suis casé dans une
humble maison, où je partage une chambre
avec le lieutenant interprète Deschars, ancien
consul de France à Mannheim.

Dans l'après-midi, je fais seller *Irène*; je vais
d'un temps de trot à Charny rendre visite au
médecin-inspecteur Comte, directeur du Service de Santé du 4e corps d'armée. Ses bureaux
sont installés dans la gendarmerie, maison
d'assez coquette apparence. Charny est un
bourg plus important que Vacherauville sur la
rive droite de la Meuse au-dessous du fort de
Marre; dans les prairies voisines se trouve un
parc de bétail d'armée, ce sont les premières
victimes de la guerre! Au retour, je trouve des
instructions très sévères, en ce qui concerne

notre correspondance; les lettres sont remises
ouvertes; toutes les allusions aux événements
militaires, aux cantonnements occupés, sont
rigoureusement interdites : on peut dire toutefois qu'il pleut ou qu'il fait chaud, qu'on dort
mal à cause des insectes variés, que l'alimentation est chère et monotone, qu'on ne reçoit
aucun journal, qu'on vit dans l'ignorance absolue de tout événement; et cependant le bruit
court que le général d'Amade est entré dans
Colmar et Mulhouse??? Puisse la nouvelle ne
pas être prématurée!

La popote me réunit le soir à l'intendant divisionnaire, M. Delpère de Cardaillac et au
payeur aux armées, M. Labeyrie, du Mans. Il a
connu mon beau-frère Julliard, capitaine au
26ᵉ régiment d'artillerie, naguère en garnison
dans cette ville.

*9 août 1914.* — Au cours d'une promenade
au bas de la côte du Talou, contre laquelle s'ap-
puie Vacherauville, j'aperçois un ballon diri-
geable; il fait une reconnaissance au-dessus de
Chattancourt et de Cumières, autant de noms
que la défense de Verdun immortalisera plus
tard!

Dans l'après-midi, je me rends, par une chaleur sénégalienne, au village de Samogneux
pour visiter les cantonnements du 104ᵉ régiment d'infanterie. J'ai le plaisir de causer un

instant avec le médecin-major Trassagnac, un de mes anciens élèves.

Le soir à 21 heures, les ambulances et le groupe divisionnaire des brancardiers rejoignent Vacherauville ; on a de grosses difficultés pour établir leur cantonnement ; le village est bondé de troupes.

*10 août 1914.* — Départ à 4 heures du matin pour Gremilly ; la route passe sous la côte du Poivre ; nous obliquons bientôt à droite pour traverser le village de Beaumont ; les hommes grimpent allègrement la côte qui est dure. Au sommet, la vue très étendue laisse deviner Metz dans le lointain ! Le général de Trentinian nous entraîne, tout à coup, vers Azannes dans une randonnée de belle allure, au galop à travers champs ; quelques cavaliers font panache dans les avoines blondes, excitant les lazzis des voisins. *Irène* exécute ce petit canter avec une maestria de bon augure.

Azannes regorge de troupes de la 8e division. Il y règne un certain émoi, à la suite de petits engagements qui ont eu lieu la veille dans la région de l'Etang des Hauts-Fourneaux.

Nous faisons une courte halte et à 13 heures nous cantonnons à Gremilly. La Section d'hospitalisation divisionnaire nous rallie, dans la journée ; je l'affecte à l'Ambulance n° 1. Une note du médecin inspecteur Comte m'annonce l'envoi de vaccin contre la fièvre typhoïde, dont on signale des cas dans la population civile du village de Louvemont.

En raison du voisinage de l'ennemi, interdiction est faite d'inscrire sur les portes des habitations la répartition détaillée du cantonnement. Les hommes sont prévenus de rentrer dans les maisons ou abris, dès qu'un avion ennemi est signalé. La précaution est utile, car ces vilains oiseaux sont nombreux et terriblement indiscrets.

Au début de l'après-midi un combat violent s'engage dans la région de Damvillers-Mangienne; la canonnade est ininterrompue pendant 3 heures. D'une hauteur voisine de Cremilly, nous apercevons distinctement l'éclair des bouches à feu. Une fraction du 2ᵉ corps et la 8ᵉ division du 4ᵉ corps sont aux prises avec les Allemands. Aucun ordre ne vient nous alerter. A 23 heures, les sections vides des trains régimentaires du 130ᵉ régiment d'infanterie amènent 22 blessés, dont quelques-uns sont reçus à l'ambulance nᵒ 1, déployée dans les locaux de l'école des filles; les blessés légers continuent leur route sur Verdun. L'affaire de Damvillers-Mangienne se précise, grâce aux renseignements fournis par les combattants et les prisonniers. La lutte a été courte, mais des plus chaudes; le tir précis de nos canons et de nos fusils a littéralement démoralisé l'ennemi. Dans le 5ᵉ bataillon de chasseurs allemands (bataillon Neuman) il s'est produit une panique : le champ de bataille était jonché d'armes et d'équipements jetés par les hommes en fuite. Ce bataillon de chasseurs était soutenu par les 7ᵉ, 8ᵉ et 21ᵉ dragons, un groupe d'artillerie et six compagnies de mitrailleuses. L'artillerie du 2ᵉ corps, de concert avec les groupes de la 8ᵉ division, réduisit au silence les pièces ennemies. Trois canons, trois mitrailleuses, deux caissons de munitions ont été capturés.

Le malheur voulut qu'un bataillon du 131ᵉ régiment d'infanterie ait cherché prématurément à s'assurer de leur possession : les hommes se sont lancés, baïonnettes en avant, à l'assaut d'une croupe gazonnée que couronnaient les pièces. Les mitrailleuses démasquées brusquement ont, en quelques minutes, mis hors de combat 350 hommes : 130 ont été tués.

J'apprends de nombreux détails sur cette affaire, à la popote du général, qui a bien voulu me prier de partager désormais sa table. Ce voisinage constant du commandement facilite particulièrement ma tâche. Je suis désormais beaucoup mieux et plus vite informé, et il m'est plus facile d'établir mes prévisions.

D'une courtoisie parfaite, le général est beau cavalier, alerte et entreprenant ; souvent en pointe d'avant-garde, au contact des éclaireurs ennemis, il est le souci, par sa bravoure, de son chef d'état-major.

*11 août 1914.* — Dans la matinée, 23 blessés arrivent de Mangiennes, portant à 55 l'effectif de l'ambulance n° 1 ; le médecin-major Etienne et ses collaborateurs s'empressent autour des nouveaux arrivants. Le soir même, à 16 heures, une section sanitaire automobile, venue de Verdun, évacue dans 5 grands camions nos blessés. Je ne conserve qu'une plaie pénétrante de poitrine avec hémo-thorax secondaire. Mon unique secrétaire, l'infirmier Helie, atteint de stomatite ulcéro-membraneuse étendue, fait partie de l'évacuation.

Ce même jour, je reçois, du médecin-inspecteur Comte, l'ordre d'envoyer, d'extrême urgence, à Mangiennes, deux médecins de l'ambulance n° 1, dont le médecin aide-major Mocquot, chirurgien des hôpitaux de Paris, accompagné de 6 infirmiers avec du matériel de chirurgie et de pansements. L'unique médecin civil de Mangiennes, médecin-chef de l'hôpital complémentaire de couverture installé dans la localité, réclame instamment un secours chirurgical pour les grands blessés intransportables confiés à ses soins.

Ce départ assuré, je mets en route l'ambulance n° 2 pour le village d'Ornes, sur la ligne d'évacuation ferrée de Mangiennes à Verdun. Le médecin-major Jallot qui commande la formation, est un ancien interne du docteur Monprofit, d'Angers; il se déploie dans une grande fabrique, où se trouvent des ressources de tout genre, et reçoit dans la soirée 199 blessés.

Je suis assez perplexe en voyant ainsi fondre peu à peu les ressources sanitaires de ma division, presque toutes absorbées pour liquider le combat de la 8ᵉ division. Nous nous attendons, d'un moment à l'autre, à marcher en avant; il faut dégager mes formations au plus tôt; je téléphone au médecin-inspecteur Comte de bien vouloir hâter le plus possible les évacuations par voies ferrées, sur l'arrière.

*12 août.* — Un message téléphonique m'avise, dès le matin, qu'un train sanitaire viendra de Verdun à Ornes pour libérer l'ambulance nᵒ 2; j'envoie à son médecin-chef tous les moyens de transport de mon groupe de brancardiers divisionnaires, car la gare est assez éloignée de l'ambulance. D'un temps de trot, je me rends moi-même à Ornes pour voir comment nos gens se débrouillent. Le médecin-major Jallot s'était rapidement et correctement installé la veille. A l'ambulance nᵒ 2, on a travaillé toute la nuit, grâce à la lumière électrique.

Je visite au passage, une infirmerie de cantonnement de 15 lits, presque luxueusement installée à Ornes, par la Société de secours aux blessés ; ces dames, parmi lesquelles je reconnais une de mes anciennes infirmières du Val-de-Grâce, n'acceptent que des petits blessés, n'ayant pas de personnel chirurgical à demeure. Elles me donnent, pour l'ambulance, du linge de corps et de nombreuses compresses.

On me communique des nouvelles du convoi automobile qui a libéré la veille mon ambulance de Gremilly et que j'ai fait accompagner par le médecin aide-major Bénard. Presque tous les blessés ont été évacués sur la gare régulatrice de Reims : quelques intransportables ont été gardés à l'hôpital Saint-Maur, à Verdun.

Le train départemental arrive enfin de Verdun ; il comporte 15 voitures, dont 11 pour blessés couchés ; le chargement, commencé à 12 heures, est terminé à 16 heures. Le groupe divisionnaire rejoint Cremilly pour le repas du soir.

*13 août 1914.* — Dès le matin, je pars pour Mangiennes, j'ai hâte de savoir comment Mocquot et **Bruguières** s'accommodent de leur hôpital temporaire de couverture. Ma bonne jument *Irène* franchit, en une heure, ces 14 kilomètres. Je suis aimablement reçu par le médecin-major Lascout, du 101e régiment d'infanterie, cantonné dans le village depuis la veille. Une section du groupe de brancardiers de corps, envoyée par le médecin-inspecteur Comte, charge un reliquat de blessés transportables. Je m'assure que l'hôpital de Mangiennes est suffisamment pourvu d'instruments et de pansements, et je laisse au travail mes fidèles chirurgiens pour revenir au galop à Gremilly, non sans rapporter comme trophée de bataille un clairon du bataillon de Jaeger, bossué par les balles et un revolver du 42ᵉ régiment d'artillerie de campagne allemand. J'arrive à Gremilly, mort de soif, avec un appétit d'enfer résultant de ma chevauchée de 28 kilomètres ; mon pauvre vieux cheval *Punch*, que monte mon ordonnance Marié, est blanc d'écume, à moitié fourbu ; quant à *Irène*, elle est encore pimpante. Quelle aubaine que cette seconde monture au début d'une campagne !

A 16 heures, le convoi de blessés de Mangiennes arrive en gare de Gremilly pour compléter le chargement d'un train sanitaire improvisé, formé à Damvillers, à destination de Verdun. J'alerte le personnel du groupe divisionnaire campé près de la gare ; il vient coopérer à l'embarquement. A ce moment, une automobile débouche dans un flot de poussière, c'est le médecin-inspecteur Mignon, chef supérieur du service de santé de la 3ᵉ armée, venu de Verdun avec le médecin-major Gauthier. Nous sommes tous émus de nous retrouver et échangeons une affectueuse accolade. Mon ancien directeur du Val-de-Grâce m'annonce qu'il se transporte à Troyes. Parmi les infirmiers du train sanitaire, je reconnais un jeune employé du Crédit Lyonnais, qui naguère me payait mes coupons à l'agence U, du boulevard Saint-Michel ; il paraît ravi de me voir.

A la fin de cette dure journée je m'endors l'esprit tranquille ; les ambulances sont libérées, je suis paré pour le départ.

*14 août 1914.* — A 12 heures, l'alerte est donnée au cantonnement de Gremilly ; la colonne s'ébranle à 14 heures, traverse Azannes, puis oblique à droite vers l'étang et le bois des Hauts-Fourneaux. La marche est lente, prudente, coupée de nombreux arrêts ; l'infanterie filtre à travers les bois, jusqu'aux lisières qui regardent Billy-sous-Mangiennes ; l'artillerie de campagne suit d'abord la route, puis, dans une manœuvre très ordonnée, se déploie en rideau un peu au-dessous de la légère crête qui domine le thalwegg. On attend de longues heures les renseignements des patrouilles de cavalerie ; les « diables bleus[1] » reviennent vers 5 heures du soir, signalant le repli définitif des groupements ennemis ; ils paraissent gagner la Belgique.

---

1. Nom donné par les Allemands à nos hussards.

A 18 heures, le quartier général et le 104ᵉ régiment d'infanterie prennent leur cantonnement sur les bords de l'étang, dans des hangars à fourrages et dans quelques fermes dont se compose le hameau des Hauts-Fourneaux ; une villa « La Feuillée », rendez-vous de pêcheurs, nous est réservée. Le soleil baisse, embrasant un instant de feux rougeâtres la surface lisse de l'étang, puis une brume glacée enveloppe les eaux et les bois d'un voile cotonneux ; la nuit est bientôt opaque, silencieuse ; on a interdit tous les feux. Après la chaleur de la journée, on se sent fâcheusement impressionné par l'humidité ; nous faisons un repas sommaire et gagnons hâtivement nos couchettes, avec le désir d'échapper, au plus tôt, à ce bas-fond triste et désolé. Au voisinage de l'ennemi, il prend vaguement les apparences de quelque sinistre coupe-gorges.

*Mangiennes, du 15 au 17 août 1914.* — Le jour a dissipé les fantômes.... En route pour Mangiennes ! Le général pique des deux avec son état-major, me laissant le soin d'amener à l'étape les fourgons de la division  La route se fait joyeusement entre deux alertes compagnons, le lieutenant interprète Deschars et le lieutenant de dragons Bignon. Nous croisons en route plusieurs abris improvisés, vestiges du combat du 10 août ; on sort enfin de la forêt laissant à

gauche Romagne-sous-les-Côtes. Voici Mangiennes, gros bourg qui regorge de troupes ; la
majeure partie de la division s'y trouve rassemblée, je suis logé chez le maire du village,
en compagnie du capitaine de Jouvencel. La
chambre, très vaste, contient deux lits jumeaux ;
elle a son balcon sur la rue principale. La popote du général est en face ; elle est rapidement
ornée de trophées pris sur l'ennemi par nos
vaillants hussards ou ramassés sur le champ de
bataille voisin. Des lances, des fusils, des cara-
bines, des revolvers, des shakos de tous genres,
des quarts en aluminium, des ceinturons, etc.
Chacun prélève un souvenir à son gré, je
m'empare d'un kolbach de hussard noir et d'un
shako de chasseur, que je destine au musée du
Val-de-Grâce.

Ma première visite est pour l'hôpital de couverture ; j'y retrouve le camarade Mocquot
toujours affairé ; sa clientèle est lugubre,
larges plaies pénétrantes de poitrine, fractures
du crâne à grands dégâts, péritonites trauma-
tiques, le calvaire de la chirurgie... ! La mort
plane sur ces petites salles, malgré le dévouement des chirurgiens. On confie à l'interprète
Deschars les papiers des Allemands décédés ;
malgré leurs actes sauvages, ce sont des
hommes comme nous ; voici un petit carnet de
route écrit au crayon, et tenu au jour le jour.
Fritz y raconte la joie de vivre, le farniente

au soleil dans ce beau pays de Belgique, les
franches lippées de la route, la certitude de la
victoire; à côté du carnet, une photographie
de jeune femme, Minna, sourit béatement
endimanchée.

Dans l'après-midi du 16 août, je suis allé
visiter dans le vallon de Billy-sous-Mangiennes, les tombes de nos morts de la journée
du 10; à gauche de la route, une croupe de
terrain, où ondulent les blés, abrite ces glorieuses dépouilles. Deux longs tumuli, aux
arêtes quadrangulaires, marquent le lieu de
l'éternel repos; une simple croix de bois les
surmonte. En contre-bas, dans un fossé, gisent
pêle-mêle des brancards brisés, des linges sanglants, des uniformes lacérés, tristes débris
arrachés aux morts avant la sépulture. Je fais
réunir et enfouir ces tristes vestiges. Je m'attarde encore un instant autour des tombeaux,
et voilà que tout à coup, dans ces épis fauves,
que le soleil couchant dore de tons cuivrés, je
découvre le corps oublié et à jamais immobilisé d'un petit soldat de France; il est étendu
face au ciel! C'est un jeune paysan aux yeux
bleus grands ouverts, car aucune main pieuse
n'est venue clore ses paupières; un éclat d'obus
a brisé sa tempe blonde marquée d'une étoile
sanglante. Sa main droite est crispée sur son
fusil; la gauche est raidie dans un mouvement d'instinctive défense. La mort l'a saisi

dans la marche en avant ; quelques anthémis sauvages mêlent leurs pétales blancs aux couleurs rouge et bleu de son uniforme, lui faisant un linceul tricolore... ! Dors, mon gas, dors sur notre bonne terre de France.... Ta journée fut courte mais bien remplie ; ta mort est un triomphe et une résurrection !

*19 et 20 août 1914.* — Encore une étape vers l'inconnu !.... Nous avons quitté Mangiennes pour Dombras... La route déroule ses lacets dans des prairies, des vergers. A Dombras, je loge au presbytère ; presque tous les habitants ont fui, car l'ennemi a traversé le pays ; dans les maisons, la vie s'est subitement arrêtée ; les lits défaits gardent encore des semblants de formes humaines. Des faux-cols, des chaussettes traînent sur des chaises, sur les meubles ; des eaux troubles emplissent les cuvettes ; sur les tables, des verres à demi remplis, des aliments à peine entamés ; un vent de panique folle a passé ! On ne trouve rien à acheter, ni pain, ni œufs, ni volailles ; un seul épicier vend du mauvais vin à 1 fr. 5o la bouteille ; heureusement les fruits abondent dans les vergers ; prunes violettes et mirabelles dorées sont la joie de nos troupiers ; nous en faisons d'excellentes compotes. Je m'étonne de voir combien la vie matérielle prend de place dans la vie du militaire nomade ; c'est le grand souci auquel on n'échappe pas, le retour à la nature! Mais où en serions-nous sans les fourgons du ravitaillement? Vivre sur le pays, quelle légende. Les soldats sont mécontents et furètent partout; ils prétendent que les habitants ont caché leurs denrées. A Romagne-sous-les-Côtes, une cave bourgeoise a été mise à sac; les maraudeurs de pommes de terre se multiplient, malgré les défenses réitérées. C'est la guerre!...

Dans l'après-midi, je rends visite à notre train de combat à Merle et Villers-les-Mangiennes; mes deux ambulances et le groupe divisionnaire de brancardiers campent dans les vergers. Le D' Jallot a installé quelques malades dans une salle de la mairie. J'apprends que le médecin aide-major d'artillerie de Charette est souffrant; je vais lui serrer la main dans le grenier à fourrage d'une immense ferme où cantonne tout son groupe. De là, je gagne Saint-Laurent-sur-Othain où se trouve aménagée, dans les deux salles de l'école enfantine, une infirmerie-ambulance de 18 lits, desservie par les dames et les jeunes filles de la localité. Le médecin-major de 2ᵉ classe Delmas, du 102ᵉ régt. d'infanterie, me présente les malades; presque tous sont atteints d'entérite sans gravité, due à l'abus des fruits, prunes et pommes, que les hommes ont constamment en abondance à leur portée.

Je rentre à Dombras au trot allongé de ma bonne *Irène*. J'arrive à l'heure de l'abreuvoir; c'est le moment où le vaillant lieutenant-colonel de Hautecloque harangue familièrement ses hussards. Quel bel officier, comme il a de mâles accents pour réchauffer les vertus guerrières de ses « diables bleus ». Nos patrouilleurs de cavalerie sont réellement merveilleux, nous marchons à l'abri de leurs randonnées lointaines; jour et nuit ils explorent les environs, tendent des embuscades, rapportent des renseignements, ramènent des prisonniers et des trophées de toutes sortes. Le cantonnement sort à leur retour, on les acclame et ils le méritent bien.

Ce qui nous vexe un peu, ce sont les allures des aéros allemands. Ils ont une activité que nous n'avions pas soupçonnée; nous sommes suivis pas à pas, épiés partout, en route comme au cantonnement. L'un d'eux n'est-il pas venu ce soir planer tranquillement au-dessus du fanion de notre quartier général? Les hommes tirent bien sur eux, mais c'est de la poudre aux moineaux, ah! de bien insolents et gênants moineaux!... Pourquoi jamais un des nôtres n'est-il venu chasser ces impertinents? Mais au fait, où sont-ils nos avions? Vers les lignes allemandes je pense? Alors, pourquoi nous plaindre?

Il paraît que les Allemands se retirent lentement devant le déplacement progressif de nos armées, qui glissent parallèlement aux Hauts-de-Meuse, en attendant de faire un brusque à droite qui nous mettra face à l'ennemi. Mais que d'atrocités déjà commises pendant cette retraite; notables fusillés, maisons pillées et brûlées, femmes violentées, à Loison, à Spincourt, et ailleurs; nos hussards, témoins de ces horreurs, excitent le courroux des hommes par leurs récits. Tous brûlent d'en venir aux mains : les tristes spectacles de Mangiennes n'ont fait qu'enflammer leur courage; la bataille ne peut tarder.

*21 août 1914*. — On part dans une brume froide; c'est à droite cette fois que la colonne se dirige; elle descend dans la vallée de l'Othain; traverse Petit-Vry sans s'arrêter, remonte la pente opposée et tout à coup découvre la vallée encaissée de la Chiers. Un maudit aéroplane allemand suit inlassablement la marche de la division.

Après un long temps d'arrêt dans un chaume, la colonne se morcelle en tronçons avant de descendre sur Charency qu'on aperçoit le long de la Chiers, sur la voie ferrée de Verdun à Montmédy. Au moment même où nous atteignons le village, des hussards ramènent quelques uhlans capturés près de la frontière. La population est endimanchée, elle vient de rendre les derniers devoirs à deux de nos cavaliers, des frères, tués l'avant-veille au cours d'une reconnaissance. Le maire prévient que des forces ennemies, couvertes par de la cavalerie, sont réunies à quelques kilomètres en territoire belge. Néanmoins, nous poussons sur la croupe boisée, qui se dresse devant nous, jusqu'à Allondrelles et la Malmaison. Notre artillerie prend position à gauche de ce village, en arrière de la crête et nous attendons plusieurs heures le résultat des reconnaissances.

Je descends de cheval; je vais contempler, à l'entrée du village, le cadavre d'un uhlan étendu sur le bord de la route; une balle française l'a frappé droit au cœur, éclaboussant son plastron de drap d'une large tache de sang; sa figure est calme et tranquille. Cet Allemand est mort face à la France! C'est un vrai soldat... il mérite qu'on le salue!...

Vers 16 heures, un coup de sifflet nous remet en route, nous dévalons à travers un bois sur Grandcourt et enfin nous entrons dans Ruette, gros bourg belge que les uhlans ont abandonné, il y a une demi-heure à peine; les paysans rangés sur notre passage nous acclament; les femmes tendent aux soldats du lait, du beurre, des œufs, des cigarettes. Nous dépassons le village pour gagner un monticule du côté de la Tour où le canon tonne; un bataillon de la 14ᵉ brigade est légèrement engagé avec un groupe allemand qui ne tarde pas à disparaître dans les bois. Un orage se déchaîne à ce moment; la pluie, le tonnerre font rage; les troupes rejoignent le cantonnement en même temps que la nuit tombe.

Le rapport du général a lieu chez l'instituteur de Ruette, dans un petit salon bourgeois où le thé nous est offert avec une parfaite bonne grâce, puis nous allons au presbytère, conviés par le bon recteur à l'agape du soir. C'est là que j'ai pu me rendre compte des ressources en vins et en cigares d'une cure de Belgique. Le brave ecclésiastique fait défiler devant nous toute la gamme de ses plus vieux Bourgognes et de ses marcs les plus authentiques.

Il trouve peu de convives capables de lui tenir tête, et cependant c'est de tout cœur que les toasts à la victoire française et à la confusion des Allemands furent portés dans cette salle basse et voûtée, où pour la dernière fois l'état-major de la 7ᵉ division se trouvait réuni au complet. Nous avions le sentiment que l'heure était solennelle? Pour tous, c'était la veillée des armes; pour quelques-uns, la veillée de la mort!

# CHAPITRE II

## LA BATAILLE D'ETHE. — COMBAT DE LA 14ᵉ BRIGADE DE LA 7ᵉ DIVISION D'INFANTERIE. (22 AOUT 1914.)

Les formations sanitaires du train de combat de la 7ᵉ division d'infanterie avaient cantonné, à Allondrelles, le 21 août au soir.

L'ordre de mouvement du 4ᵉ corps d'armée, arrivé à Ruette vers deux heures du matin, le 22, indique Mussy-Saint-Léger comme point de direction pour la marche du jour, et comme itinéraire Gommery et Ethe.

L'ordre de mouvement de la division précise que le train de combat se portera, par Grand-Cour et Ruette, sur Gomery qu'il ne devra pas dépasser.

Mes deux cyclistes Boudard et Forceville, qui ont désiré marcher ensemble, pour se prêter éventuellement assistance, ont porté cet ordre dans la nuit au médecin-chef des formations sanitaires du train de combat, le médecin-major de 1<sup>re</sup> classe Fohanno.

A quatre heures, je suis réveillé par les chevaux des hussards de l'escadron divisionnaire qui s'ébrouent dans la cour de la ferme ; il fait encore nuit, je m'habille à la hâte et me dirige vers le poste de police. On avait négligé de prévenir mon ordonnance, je cours le réveiller puis je vais au presbytère où je déjeune avec le capitaine de dragons de Jouvencel ; le brave curé nous a fait préparer des repas froids sommaires : une tranche de rosbeaf entre deux tartines de pain. « Prenez-en deux, docteur, me dit de Jouvencel on ne sait pas où, ni quand nous dînerons aujourd'hui. »

Je croise en sortant le capitaine d'artillerie Laporte, je l'interroge au vol :

« Nous cantonnons à Saint-Léger ce soir ?

— Peut être bien docteur, me répond-il d'un air soucieux ; à moins qu'on ne nous barre la route ! »

Tiens, tiens ! il paraît qu'il y a du nouveau ; mais le capitaine m'échappe, il est pressé, ou plutôt il me paraît qu'il veut l'être : son sourcil est froncé, ce qui ne lui est pas habituel, il n'est pas en veine de confidences. Nous montons à cheval ; au sortir du village le général, posté à un croisement de routes, voit défiler devant lui presque toute la division. L'interprète Deschars est en retard, on a négligé de le réveiller; il arrive, puis, voyant que rien ne presse, fait demi-tour pour chercher son revolver oublié au cantonnement. Enfin, vers six heures, le général part au grand trot: nous suivons, renforcés par les officiers de liaison, et doublons la colonne qui s'égrène déjà, depuis une heure, sur le flanc droit de la route. Aucune estafette ne m'est encore venue d'Allondrelles, mais mes deux fidèles cyclistes ne tardent pas à reparaître à mes côtés. Nous avançons dans un brouillard épais et glacé; on voit à peine à cent mètres devant soi; à droite et à gauche, ce sont des prairies et quelques bouquets d'arbres. Nous dépassons la 14ᵉ brigade composée des 103 et 104ᵉ régiments d'infanterie, commandée par le général Felineau; puis nous faisons halte, un quart d'heure environ, au carrefour central du village de Gomery. A droite du côté de Bleid, à gauche près de La Tour, on commence à entendre crépiter quelques coups de feu, le canon tonne même à intervalles éloignés.

J'interroge le capitaine Laporte plus spécialement chargé du service de santé. Va-t-on fixer à Gomery le poste de commandement de la division? Il me semble que l'action est proche, car nous avons déjà laissé passer devant nous l'escadron divisionnaire, deux bataillons d'infanterie et la compagnie du génie divisionnaire. « Non, non, me répond Laporte, nous suivons ». En effet le général s'engage derrière l'avant-garde et on débouche de Gomery. La route qui mène à Ethe monte doucement, elle s'encaisse entre deux bois qui couronnent la hauteur. Chemin faisant je montre à Deschars les talus            , on y voit des gradins fraîchement taillés pour permettre l'accès des bois ; les Allemands ont dû y passer la nuit. Nous sommes un peu surpris qu'on n'occupe ni les hauteurs, ni les bois. On marche en colonne de route, comme s'il s'agissait d'une promenade militaire en pays ami. Je ne puis m'empêcher d'en faire la remarque à un capitaine, agent de liaison du 102e régiment d'infanterie, qui chevauche à mes côtés. Il tire une bouffée de sa pipe, hoche la tête, grommelle d'une façon inintelligible entre ses dents, je n'insiste pas. La colonne franchit un petit col, puis la route dévale vers un bas-fond ; c'est une grande cuvette verdoyante sur le côté opposé de laquelle nous apercevons le village d'Ethe ; le clocher de l'église émerge de la brume ; nous suivons exactement le 3e groupe d'artillerie. Deux hussards au petit trop accostent le général arrêté près d'une scierie qui occupe le point déclive du vallon. A ce moment précis, quelques coups de feu éclatent avec un timbre sec et court ; impossible de les confondre avec la détonation plus nourrie du Lebel. La fusillade, discrète tout d'abord, part des vergers

en bordure du village. Le général fait déployer
un bataillon d'infanterie, les hommes s'épar-
pillent et, au pas de course, pénètrent dans les
rues qui paraissent désertes ; nous les suivons
et en quelques minutes, tout l'état-major se
trouve dans l'artère principale, qui croise per-
pendiculairement la route que nous venons
d'abandonner. Une fusillade des plus vives
nous accueille, elle provient des rues latérales
et des maisons. A la hâte on fait avancer deux
pièces de 75 et des mitrailleuses ; à peine a-t-on
le temps de les placer qu'il faut tirer à mitraille
sur des masses grises qui cherchent à déboucher des rues latérales. Du haut de mon cheval
je vois les Allemands balayés par le feu, mais
ils ripostent et, sans se lasser, poussent leurs
rangs pressés à l'assaut de nos pièces qui leur
crachent la mort. Notre infanterie débouche à
droite et à gauche du village cherchant à débor-
der, c'est une véritable mêlée. Les balles frap-
pent les murs et détachent des flocons de poussière blanche. Derrière chacune de nos pièces,
une section d'infanterie, dissimulée par des tas
de fumiers, tire sans relâche sur les assaillants.
Chaque coup de canon fait sursauter hommes
et chevaux. Je suis à dix mètres sur la droite
d'une pièce, et je ne perds pas un détail du
drame qui se déroule. Je m'étais toujours
promis d'observer sur moi-même le choc émo-
tif du baptême du feu ; il se manisfesta brus-

quement par des effets assez bizarres que j'attribue à un réflexe psycho-moteur de nature vaso-constrictive; dès les premiers coups de feu, j'éprouvai une constriction bizarre aux deux tempes, et en même temps, une envie incoercible de bâiller, exactement l'ensemble des symptômes que me produit, en mer, le gros temps. Au bout de quelques minutes, tout cela disparaît; conscient que la mort peut me frapper d'un moment à l'autre, j'envoie un souvenir à tous les miens, puis je me confie pleinement à la Providence.

Mon ordonnance, le cavalier du train Marié, descend machinalement de son cheval, essaie de rouler une cigarette, mais papier et tabac tombent de ses mains, comme s'il avait un moment d'absence; il est très pâle au point que je l'interpelle: « Eh bien! Eugène, ça ne va donc pas? » Cela me fit d'ailleurs du bien de parler. Je causai avec quelques hussards qui formaient un groupe, adossé comme moi aux maisons, tout ce monde se comportait bien, on sentait chacun prêt à faire son devoir. D'ailleurs le moment d'agir approche. En effet l'ennemi devenu très mordant nous presse étroitement. Le général, s'adressant au capitaine Massiet commandant le 5ᵉ escadron, lui montre la rue qui conduit à l'église; une masse serrée en débouchait à ce moment en poussant des hur-rahs; le 75 lançe deux paquets de mitraille, puis dans la traînée sanglante, les 150 sabres de l'escadron s'engouffrent et disparaissent.

Faisant un demi à gauche, l'héroïque phalange vient, en contournant le village, se reformer derrière nous; des chevaux sanglants ramènent des cavaliers intacts, le sabre fumant; d'autres blessés et chancelants, quelques-uns roulent à nos pieds. On leur fait un abri provisoire dans une maison du voisinage. Une effroyable mousqueterie d'infanterie crépite sans arrêt, mêlée au tac-tac incessant des mitrailleuses, entre le front nord du village et la voie ferrée, où la 14ᵉ brigade s'efforce de refouler l'adversaire; elle y réussit dans un magnifique effort qui se brise malheureusement contre des forces très supérieures.

Vers neuf heures, le brouillard se déchire et le soleil vient largement éclairer le carnage. Mais alors le canon ennemi entre en ligne; nous sommes dominés à gauche par une puissante artillerie. En quelques minutes les obus pleuvent comme grêle; un des premiers éclate près de la pièce voisine, presque entre les jambes du général qui, descendu de cheval, s'intéresse bravement au feu; les chevaux s'ébrouent, personne n'est touché. C'est bientôt un feu d'enfer auquel les malheureuses pièces du 3ᵉ groupe, échelonnées sur la route en pente qui monte vers Gomery, ont grand peine à répondre; les projectiles ennemis font rage sur les abords du village, en avant, en arrière, sur la lisière des bois, pour nous couper la retraite et empêcher les secours de déboucher des hauteurs boisées de l'ouest, voisines du village de Bleid; et cependant une partie de la 13e brigade essaie de percer, le 101e en particulier.

Je vois très distinctement les pantalons rouges filtrer à travers les blés, en files indiennes espacées, mais le sifflement des balles venant de ce côté indique assez leur déplorable méprise qui cesse tardivement, presque à notre contact. On leur a dit que les Allemands occupent le village; il est évident que nous sommes devenus le point de mire de nos propres troupes. Le fait m'a d'ailleurs été pleinement confirmé plus tard par le lieutenant Prost, du 101e régiment d'infanterie. Le général se porte de ce côté, nous le suivons en bousculant les cavaliers du 14e régiment de hussards qui arrivent par pelotons jusqu'à nous en dévalant à toute allure les pentes sud-ouest du vallon. Mais le mouvement en avant de la 13e brigade est brisé par les rafales convergentes de l'artillerie ennemie. Notre groupe d'artillerie divisionnaire, écrasé par le feu des pièces lourdes allemandes, ne tire plus que des coups espacés, la plupart des servants sont tués, on manque de projectiles, plusieurs caissons ont sauté. Peu à peu les pièces s'immobilisent dans une inaction sinistre. Les hussards renouvellent autour de nous leurs charges impuissantes; on les voit partir, par pelotons, en exécutant des moulinets terribles; ils se font littéralement écharper pour dégager les pièces et les rues de ce pauvre village. Le colonel de Hauteclocque, véritable paladin du moyen âge, trouve là une mort glorieuse; un de ses fils, engagé volontaire âgé de 18 ans, périt à ses côtés. Frappé de deux balles, le lieutenant-colonel de Hauteclocque gît à terre, il essaie de se soulever, un éclat d'obus le heurte au front : « Vive la France ! Mon Dieu, je vous aime !... » Ce sont ses derniers mots.

Tout ce courage est inutile, l'étau se resserre autour de nous; hussards d'Alençon, sapeurs du 1er génie, glorieux débris des 103e et 104e régiments, refoulés de la voie ferrée, se réfugient dans le village; les murs sont crénelés, des fascines comblent les intervalles, des matelas bloquent les ouvertures des fenêtres, on descend les blessés dans les caves.

Successivement, le général a dépêché en mission des officiers d'état-major; j'ai vu s'éloigner ainsi le capitaine d'infanterie Jullien, le capitaine d'artillerie Laporte, puis le capitaine de dragons de Jouvencel, superbe et vigoureux cavalier qui jamais ne devait revenir. Le capitaine d'infanterie de la Chauvinerie, agent de liaison du quartier général du corps d'armée, lance son automobile sous une pluie de balles.

Nous vivons dans un ouragan de feu et de
fer, le vacarme est tellement assourdissant que
pour causer avec mon plus proche voisin, le
lieutenant interprète Deschars, je dois me pen-
cher à son oreille en faisant un porte-voix de
mes deux mains. Notre groupe s'est considéra-
blement réduit. Auprès du général restent
encore son porte-fanion, son chef d'état-major,
le commandant Macker, le lieutenant interprète et moi : quelques dragons de l'escorte
complètent le groupe.

Il est 13 heures 30 ; le général donne l'ordre
aux survivants du 14ᵉ hussards de se replier
sur Gomery par les bois de l'ouest ; les débris
des valeureux pelotons défilent devant nous,
cavaliers deux par deux, franchissant à la
charge la côte nue qui mène au bois. Ce fut la
chevauchée de la mort... Beau régiment si
pimpant, si gai, si plein d'ardeur, tu as été
fauché par l'artillerie allemande et ses mitrailleuses de soutien. Quelques hommes sanglants
pénètrent cependant dans les taillis.

Hanté par le souvenir des chasseurs de Mar-
gueritte, je dis au commandant d'artillerie
S... : « Nous sommes dans la marmite comme
à Sedan... Les braves gens viennent de mourir...[1] ». Il me répond dans un sourire qui

1. Les Allemands parlant de Sedan disaient : « Les
Français étaient dans une marmite et nous les faisions
bouillir ».

découvre ses dents blanches : « Mon pauvre docteur, il n'y a plus rien à faire ! »

Une seule de nos pièces tire encore quelques coups espacés qui résonnent comme un glas... Un capitaine blond, lorgnon aux yeux, cigarette à la bouche, la tête enveloppée de bandages sanglants, guide le tir, juché sur son échelle ; mais il chancelle tout à coup, descend et gagne en titubant une maison voisine. Notre canon s'est tu ; nous n'entendrons plus désormais que le déchirement effroyable de l'air par les obus de l'ennemi, qui continuent à battre les pentes, les lisières des bois et les maisons avancées du village. Des pelotons d'infanterie décimés filtrent aux débouchés des rues, ils paraissent harassés et découragés, leurs officiers ont été tués ; ils tourbillonnent, ne sachant trop que devenir ; quelques-uns pénètrent dans les maisons, s'installent aux croisées ; d'autres portent des fagots de bois et gagnent la lisière sud du village. Le lieutenant interprète Deschars les exhorte du geste et de la parole, il leur indique le point à protéger : le débouché de la route à gauche, où l'ennemi, par une vive fusillade, cherche à nous couper la retraite.

Le général est impassible, pas un muscle de sa figure ne tressaille ; vers deux heures, d'une voix brève, sèche et comme martelée, il s'adresse au général Felineau : « Felineau, tenez encore dans le village, puis repliez-vous lentement, en

ordre, par échelons ». Et s'adressant à nous :
« Messieurs, nous allons rejoindre le gros de la
division. Le point de direction est la lisière du
bois ouest : ordre de marche, un par un, à
40 mètres de distance ; tenez vos chevaux, au
pas d'abord, puis à la charge, par le chemin
des hussards ! »

Le moment est solennel ; la mort ou la délivrance ! Tout vaut mieux que cette attente an-
goissante, dans une immobilité inutile.

Mes fidèles cyclistes Boudard et Forceville
m'interrogent avec anxiété : que doivent-ils
faire ? Ils mesurent de l'œil ces pentes abruptes
et regardent leurs bicyclettes. « Non, mes amis,
ne cherchez pas à me suivre ; vous rejoindrez
plus tard, si vous pouvez, dans la soirée ou dans
la nuit : direction Gomery-Ruette-Grandcour
et Malmaison ! Au revoir et bonne chance ! »
Ils suivirent mon conseil et s'en trouvèrent
bien, on le verra plus tard.

Le général part le premier, au pas, lentement, jetant un long regard sur l'ensemble de
la bataille. Nous suivons, dans l'ordre d'an-
cienneté, à l'intervalle prescrit. Arrivés à la
route, le général prend le petit trot, car le feu
de l'infanterie ennemie nous prend en enfilade.
Là nous attend un spectacle funèbre, mais d'une
beauté héroïque, grandiose, inoubliable ! Le
3ᵉ groupe du 26ᵉ régiment d'artillerie couvre le
sol d'un long cordon noir immobile ; une trombe

de fer et de feu a couché tous ces braves; les pièces fracassées, les caissons éventrés, la voiture médicale régimentaire émergent seuls de cet amas de corps enchevêtrés. Officiers, soldats, chevaux, forment un amas inextricable. Le fanion de la Convention de Genève et le drapeau national de la voiture médicale planent sur ces morts glorieux dont ils semblent garder la tombe.

Je remarque, au passage, un capitaine étendu sur un brancard; une dernière blessure l'a immobilisé; près de lui, le corps d'un jeune médecin est agité de faibles soubresauts.

Nous quittons la route; notre groupe se reforme, grossi des ordonnances du quartier général, à l'abri de hauts tas de fagots qui marquent la limite d'un chemin creux. Ce chemin monte droit à une croupe gazonnée, nue, sans un arbre, sans un buisson; au delà ce sont les taillis boisés.

Le général pique des deux; les rapides foulées de son anglo-normand le conduisent au bois, salué de quelques balles. Son porte-fanion, le maréchal des logis Pacaud, le suit, nous voyons le bambou de son fanion voler en éclats, lui-même est atteint, il tombe. Le commandant Macker part : le feu redouble, son cheval roule à terre. C'est mon tour; je vérifie mes étrivières, j'assure mon képi, je caresse ma bonne jument *Irène*, je pars, couché, rasé sur l'encolure, tête à gauche, car le feu vient de droite, les éperons rivés aux flancs de ma bête. Un essaim de projectiles bourdonne à mes oreilles. Ah! je suis touché! une sensation de forte contusion au genou, en avant à droite. Le bois est devant moi, aurais-je le temps d'y arriver? mais voilà que trois chevaux morts barrent l'entrée du sentier. *Irène* ne veut pas sauter, elle renifle bruyamment, s'arrête, moment d'énervante angoisse, faut-il donc que je meure ici? Non, je prends ma jambe blessée, je la passe au-dessus de la selle; je suis à terre. Tenant ma jument par la figure; je contourne l'obstacle, les balles crépitent de toutes parts, je pénètre dans le taillis, les branches cassent, voltigent autour de moi, les projectiles claquent sourdement en s'enfonçant dans la terre molle, la fusillade redouble, mon genou saigne, je suis pris de vertige. *Irène* fait un bond fou en avant, je perds pied, les rênes m'échappent. Me voilà au fond d'un petit ravin, étendu sur le dos, inerte et étourdi; j'aperçois vaguement des ombres de chevaux; grâce à Dieu, ils ne m'ont pas piétiné. Il faut que je sorte de là; une branche de chêne est à ma portée, je me soulève, je m'y accroche; me voilà debout, inondé de sueur, le sang coule au travers de ma culotte déchirée, ma jambe n'est pas cassée, je peux marcher. Je trouve à terre le fusil d'un soldat mort, j'en fais une canne et je chemine péniblement dans le bois; les balles deviennent plus rares. Voilà qu'on m'interpelle, c'est le commandant Macker! son cheval seul a été tué; il m'aide à marcher jusqu'à la route de Gomery et me fait asseoir sur le rebord du fossé. Là, plus de balles, un calme relatif; une batterie française placée devant le village, à flanc de coteau, fait un tir indirect sur les batteries allemandes. Le général n'est pas là, personne de l'escorte! on ne nous a pas attendus; un cheval harnaché passe, le commandant Macker me serre la main et l'enfourche, il faut qu'il rejoigne le général. Je lui crie de m'envoyer une voiture d'ambulance, il est déjà parti; je tâte mon genou; la balle est entrée en arrière dans le creux poplité et sortie en avant près de la rotule, celle-ci n'est pas brisée, Dieu soit loué! Sur la route passent de nombreux blessés et des fuyards; un maréchal des logis de hussards vient à moi, il me fait boire un peu de café gardé dans son bidon, et m'interroge avec sollicitude, puis voyant le sang qui rougit mon genou se met à sangloter convulsivement : « Qu'avez-vous, mon pauvre ami? » Il me répond en bégayant : « Mon Dieu! mon Dieu! qu'allons-nous devenir ? Tous nos officiers sont tués ou blessés, même les colonels! » Je le réconforte en lui disant que c'est pour la France, qu'il ne faut pas se laisser abattre; puis, mon fusil d'une main, l'autre passée au cou du hussard secourable, j'essaie de me mettre en route lentement vers Gomery, dont les premières maisons apparaissent à 800 mètres environ. Je ne souffre pas beaucoup, c'est une sensation de vive brûlure que j'éprouve; mais je suis en nage et j'ai une soif inextinguible. En cours de route, un fuyard d'infanterie nous accoste et me prend sous l'autre épaule; j'abandonne mon lebel que je trouvais bien lourd. Nous croisons le second ordonnance du général, un soldat colonial nommé Chevallier; il est couché au versant d'un talus, le torse nu, rouge de sang, un large trou sous le sein droit; un infirmier lui place un pansement individuel; il est d'une blancheur de cire. Encore deux obus qui se succèdent, mais ils éclatent très haut et couvrent le sol d'une ferraille bruyante et inefficace : c'est la réponse au tir indirect de notre batterie du coteau. Nous nous hâtons lentement! Un soldat qui nous croise nous indique un poste de secours qu'il assure être installé à gauche et en contre-bas du village, dans un grand château; une allée ombreuse nous y conduit. Sur les pelouses devant le bâtiment principal, sont assis ou couchés quantité de blessés que des infirmiers de toutes armes pansent sommairement sous la direction d'un médecin auxiliaire. Je pénètre sous le péristyle; la maison regorge de blessés; on me fait asseoir et je bois coup sur coup trois verres d'eau que

me tend la main charitable d'un prêtre : c'était
l'abbé Bauré, aumonier du château. Deux infirmiers s'empressent autour de moi ; l'un d'eux
fend ma culotte sur le côté et je vois enfin l'aspect de ma blessure ; l'orifice d'entrée petit,
étroit, est exactement placé sur le bord du creux
poplité, en arrière et contre les tendons externes
et postérieurs ; l'orifice de sortie, large et déchi-
queté, affleure le bord droit de la rotule, l'hémorragie est peu abondante, le sang suinte
lentement et sans secousse ; il n'y a évidemment
aucune artère lésée. Un jeune homme, c'était
le baron Constantin de G..., me tend un
flacon de teinture d'iode ; je déroule mon pansement individuel et procède moi-même à
l'occlusion des orifices du projectile.

Je m'enquiers aussitôt de l'emplacement de
nos ambulances, dont je suis séparé depuis la
première heure ; on me répond qu'aucune formation sanitaire ne s'est montrée à Gomery ;
deux postes de secours sont déployés : l'un
fonctionne au village même, avec un médecin
du 26ᵉ régiment d'artillerie, le Dʳ S... ; l'autre
est celui du château, dirigé par le médecin aide-major de 2ᵉ classe de réserve, D...,
du 5ᵉ escadron du 14ᵉ régiment de hussards,
escadron divisionnaire de la 7ᵉ division d'infanterie. Je suis stupéfait ! Comment se fait-il que
mes ordres n'aient pas été exécutés ? Pourquoi
le train de combat n'est-il pas venu à Gomery

qui lui avait été assigné comme limite de marche? Personne ne peut me répondre.

Voici précisément le médecin aide-major D...; il ne sait rien, sinon que, dès le début de l'action, il a installé dans le château un poste de secours qui n'a pas tardé à se remplir; il estime à 300 le chiffre des blessés qui s'y trouvent épars à tous les étages, sur des matelas, des paillasses, des canapés ou de la paille. Il s'évertue à faire pour le mieux, mais il a peu de pansements, un simple panier de cavalerie, le contenu de ses sacoches régimentaires et c'est tout. Je saisis mon carnet d'ordres et je prescris au médecin-major de 1re classe Fohanno d'envoyer, d'extrême urgence, à Gomery tout le groupe divisionnaire de brancardiers pour assurer un maximum d'évacuations avant l'arrivée de l'ennemi; le château ne reçoit en ce moment, sur ses toitures, que quelques éclats de projectiles sans force de pénétration ; je rends compte au général, par une autre feuille, de notre situation; le tout est confié à un artilleur de la 9e batterie du 26e, nommé Hamelin, qui prend un cheval de hussards encore disponible et s'éloigne dans la direction de Ruette et Grandcour, où je supposais nos formations sanitaires arrêtées, sur roues, ou en train de s'installer. Il est à ce moment 15 heures; la première patrouille de uhlans ne se montra à Gomery qu'à 21 heures.

Si les ordres, donnés le matin au train de combat, de venir à Gomery avaient été exécutés, une ambulance s'installait au château de G... avec des dépendances dans l'école, l'église, les maisons de Gomery qui, depuis le matin, servaient de poste de secours central à toutes les troupes engagées dans le combat d'Ethe. Même sans ordres du médecin divisionnaire, bloqué avec ses cyclistes impuissants dans le village d'Ethe, et dépourvu d'estafettes à cheval, qu'on avait oublié de lui envoyer, le médecin-chef du train de combat pouvait faire procéder à ce déploiement conformément à l'initiative que lui confère le règlement en pareille circonstance.

Mais il était dit que, ce jour-là, rien de régulier ne pourrait être réalisé; je sus plus tard que le train de combat, arrivant à Ruette vers 9 heures du matin, avait déjà reçu des obus, les Allemands ayant exécuté un mouvement tournant sur notre gauche; les formations sanitaires, surprises de se trouver sans nouveaux ordres dans une pareille bagarre, avaient fait demi-tour sur Grandcour, la Malmaison et Allondrelles, tournant le dos à la bataille et refluant jusqu'à Charency et Vesins.

Et alors, malgré mes ordres qui arrivèrent trop tard ou ne furent pas transmis, tous les blessés d'Ethe eurent, pendant trois jours, la douloureuse impression d'être privés des secours les plus élémentaires; ce fut également la première remarque des médecins allemands quand, le 24 août au soir, le Feld-Lazareth n° 5 du 5e corps vint enfin nous apporter la protection morale et les ressources techniques, dont nous devions être si cruellement privés, pendant trois mortelles journées. Souvenir poignant et douloureux !

Quand on cherche à résumer cette journée du 22 août, on peut dire que le glorieux effort de la 7ᵉ division se réduisit à une inutile manifestation. La cause de cet insuccès me parut être la hardiesse inexplicable d'une marche d'avant-garde, insuffisamment renseignée, progressant en colonne de route, par un brouillard épais, et venant sans préparation de combat, sans occuper les hauteurs qui pouvaient la protéger, s'engouffrer dans un vallon dominé de tous côtés, se heurter à des forces très supérieures. Le quartier général, précocement engagé avec cette avant-garde, isolé du gros de la division, n'eut plus aucune action directrice efficace sur l'ensemble du combat, et malgré le lourd sacrifice de ses agents de liaison, en fut réduit à commander des mouvements partiels et secondaires. L'artillerie détruite en quelques heures, la cavalerie décimée en charges épiques, une infanterie héroïque peu à peu débordée, écrasée, contrainte à la retraite, tel fut le bilan du combat d'Ethe.

Toutefois la 14ᵉ brigade, le 26ᵉ d'artillerie et le 14ᵉ régiment de hussards y inscrivirent sur leurs drapeaux et étendards une page superbe, multiplièrent leurs héroïques sacrifices qui feront plus tard oublier ce que la manœuvre initiale put avoir d'irrégulier et de regrettable.

Fiers soldats de France, dont les dépouilles mortelles garnissent les crêtes boisées et les pentes gazonnées du riant vallon d'Ethe, fidèles à vos glorieuses traditions, vous êtes tombés par centaines pour la cause de la justice, sur cette terre de Belgique meurtrie et violée par d'implacables ennemis. C'est là votre unique gloire car votre sacrifice fut inutile. Six canons restèrent au pouvoir du vainqueur et votre sang si généreusement répandu n'arrêta qu'un seul jour l'invasion de notre propre sol.

Sachez du moins que le soir du combat l'ennemi, apeuré de votre résistance, n'osa pas occuper ce village baigné de votre sang. Un peu d'audace de sa part, l'intervention d'une cavalerie mordante pouvait transformer cette fin de journée en une affreuse panique rendant toute retraite impossible.

L'ennemi réserva sa bravoure pour fusiller le lendemain, dans Gomery, médecins et blessés sans défense. Ce même jour, dimanche

23 août, Ethe connut aussi toutes les infamies : maisons brûlées, vieillards, femmes, enfants fusillés sans merci, avec des raffinements de cruautés inimaginables. Tel fut le lamentable épilogue de la bataille.

Frères de Belgique, si bons, si secourables, vous avez payé chèrement notre amitié impuissante, mais nous avons mêlé, dans ces tristes journées notre sang et nos larmes. Désormais nous serons à jamais unis par un sentiment profond et impérissable; le souvenir de nos martyrs et la haine de nos bourreaux!

# CHAPITRE III

LE POSTE DE SECOURS DU CHATEAU DE G... — LES MASSACRES DE GOMERY. (22-23-24 AOUT 1914.)

Qu'elles étaient précaires les ressources techniques du poste de secours de G... en personnel comme en matériel!!!

Le médecin aide-major de seconde classe de réserve D..., de l'escadron divisionnaire (du 14ᵉ régiment de hussards), un médecin auxiliaire du 2ᵉ bataillon du 101ᵉ régiment d'infanterie Pierquin, étudiant en médecine à 16 inscriptions; un infirmier régimentaire du 102ᵉ régiment d'infanterie, Duflos, étudiant en médecine à 8 inscriptions, voilà le personnel médical. Un panier de voiture de cavalerie, les sacoches de l'escadron et le contenu des musettes à pansement d'un certain nombre d'infirmiers régimentaires appartenant aux armes les plus diverses, tel était le matériel bien sommaire! Il convient de mentionner, en outre, les pansements individuels trouvés sur les blessés; ils furent d'un très grand secours.

L'impossibilité matérielle d'organiser des refuges sur le champ de bataille labouré par les projectiles avait fait refluer sur le château de G... un très grand nombre de blessés; ils encombraient les pièces et les couloirs, au point de gêner la circulation. Notre premier souci fut donc une ébauche d'évacuation sur l'arrière. On trouve à la ferme deux charrettes lorraines qui sont rapidement attelées et garnies de blessés de moyenne gravité; on bat le rappel des blessés légers et aussi d'un certain nombre de soldats combattants indemnes qui ont apporté ou accompagné des blessés : nous les destinons à encadrer le convoi. D'ailleurs je persiste à escompter la venue prochaine de notre groupe de brancardiers divisionnaires pour achever l'évacuation du poste de secours.

D... met en route ce petit convoi, puis reprend avec ardeur la série de pansements; on le réclame partout à la fois! Il vient me demander conseil au sujet de grands blessés qu'on apporte à tout instant, car les nôtres tiennent encore le village d'Ethe; la retraite s'opère lentement et par échelons, bientôt l'intensité du feu diminue sensiblement.

D... m'a fait installer sur un fauteuil, dans le couloir d'entrée, ma jambe placée sur une

chaise, matelassée avec sa couverture de cheval.
Le sol recouvert d'une mince couche de paille,
est garni de blessés; à mes côtés, se trouvent
un malheureux dont la hanche a été brisée par
un éclat d'obus, puis un vigoureux fantassin
criblé de projectiles, une balle dans le bras
droit, deux balles dans le bras gauche et le
pied droit broyé par un obus.

Les heures s'écoulent, personne ne vient à
notre secours! J'ai su plus tard que les formations sanitaires de la division, entraînées par
la retraite, se trouvaient à ce moment à la Malmaison, à 8 kilomètres environ de Gomery.
L'estafette que j'avais dépêchée au train de
combat rencontra, sur la route de Ruette, à
500 mètres de Gomery, un convoi de blessés
venant de ce village. Formé de voitures lorraines chargées à la hâte, de simples brouettes
et d'une cinquantaine de petits blessés marchant à pied, accompagnés de quelques musi-
ciens du 104e régiment d'infanterie, il était
dirigé par l'abbé Teyssier, aumônier du groupe
des brancardiers de la 7e division. Ce digne
ecclésiastique, qui fut d'ailleurs plus tard cité
à l'ordre du jour de l'armée et décoré, avait
passé toute la matinée à Gomery, secourant
les uns, pansant les autres, sous une grêle de
projectiles. Vers trois heures du soir, voyant
l'affolement général, il parcourut le village
s'efforçant d'organiser ce convoi qui chemina

sous le feu, non sans de nombreux arrêts
motivés par la nécessité de chercher, de temps
à autre, un abri. Prévenu par Hamelin de ma
blessure et de ma demande de secours, l'abbé
Teyssier ne crut pas devoir abandonner ses
soldats, et arriva vers six heures du soir à la
Malmaison. Il y trouva le médecin-major de
1re classe Legrand ; ce dernier prit les fonctions
de médecin-chef du service de santé de la
7e division. Les blessés, après un court repos,
furent chargés sur quatre grands chariots de
réquisition et transportés en France, à Vezins,
village distant de douze kilomètres environ.
L'abbé Teyssier y trouva le médecin aide-major
de 1re classe Mocquot (ambulance n° 2); vers
20 heures, tous deux partirent, avec quelques
voitures, jusqu'à la Malmaison dans l'espoir
d'atteindre Gomery, mais les habitants les dis-
suadèrent d'aller plus loin, Gomery étant
occupé par les Allemands; ils chargèrent donc
de nouveaux blessés et revinrent à Vezins. Toutefois, le dimanche 23, ces bons camarades
firent une nouvelle tentative pour me rejoindre
par la Malmaison, ils durent se replier définitivement, talonnés par les avant-gardes de l'ennemi.

Pourquoi le groupe divisionnaire de brancardiers ne vint-il pas à Gomery dès le milieu
du jour? L'exemple du convoi organisé par
l'heureuse initiative de l'abbé Teyssier montre

que notre évacuation était réalisable, et que
mon ordre à cette formation, lui enjoignant de
nous rejoindre sans retard, était pleinement
justifié. Il paraît y avoir eu dans cette affaire
une indécision bien regrettable : il est vrai
que c'était le début de la guerre et que l'expérience faisait défaut. Un peu plus de hardiesse
et d'initiative eût permis l'évacuation de nos
postes de secours de Gomery, puisque les premières patrouilles allemandes ne s'y montrè-
rent qu'à neuf heures du soir; de même, une
ambulance régulière installée dans ce village
eût probablement constitué la sauvegarde suffisante contre les massacres du lendemain.
Mais il était écrit que ce jour nous serait néfaste
jusqu'au bout! Réduit à l'impuissance par ma
blessure, privé de mes agents de liaison nor-
maux, je perdis toute influence directe sur mes
organes d'exécution qui n'osèrent assumer la
responsabilité d'exécuter mes ordres; je les
avais donnés, cependant, dès que la liaison me
fut possible, avec les moyens de fortune dont
je pouvais disposer.

Mais je songe qu'il faut penser à notre ravitaillement. Qui sait quand nous serons secou-
rus? Je prie D... de faire réunir et mettre
sous bonne garde dans la dépendance voisine
de la cuisine du château, ce qu'on pourra
trouver dans les effets et les sacs des blessés :
viandes de conserve en boîtes, café, potages

comprimés, pain et biscuit de guerre. Tout, en ce moment, doit appartenir à la communauté.

Il est 16 heures environ quand, à la porte d'entrée, je vois apparaître la silhouette du médecin aide-major de 1<sup>re</sup> classe S..., du 26<sup>e</sup> régiment d'artillerie; ayant appris ma blessure, il vient m'offrir aimablement son secours. Plus de deux cents blessés ont été réunis par ses soins au village de Gomery, dans divers locaux : école, mairie, église, maisons particulières. Je l'interroge anxieusement sur le sort de mon ami Deschars, lieutenant-interprète du quartier général de la division. Il a été légèrement blessé par une balle qui a simplement traversé les masses musculaires du mollet; sa guérison paraît une affaire de quinze jours; avec lui, quelques officiers sont installés au premier étage d'une maison de village. Je rédige hâtivement un billet pour le féliciter de s'en être tiré à si bon compte, et le presse de venir au château, abri plus sûr et plus confortable. J'insiste auprès de S... pour qu'il évacue tous les officiers sur G...; il serait facile de les réunir dans un petit salon du premier étage. C'eût été pour eux le salut! Mais la Providence, dans ses desseins insondables, avait décrété leur martyre.

Vers dix-sept heures, je vois arriver, soutenu par deux hommes, un commandant du 104<sup>e</sup>, anhélant, affolé, tremblant, complètement désorienté; c'est une figure de connaissance; je me souviens l'avoir aperçu à l'entrée du village d'Ethe, au moment où nous l'avons quitté; il est petit, blond, et paraît physiquement usé; on devine aisément qu'il est sous le coup d'un choc moral intense, d'une sorte d'hallucination. Il a vu périr autour de lui ses compagnons et ses soldats; il répète d'un ton monotone et égaré : « Ils sont tous morts!... le lieutenant est mort!... le capitaine est mort! l'adjudant est mort!... Tous sur la côte en montant... là-bas... tous sont morts!... » On l'examine, on le palpe; il n'est pas blessé. On le fait boire, je lui tends un peu de pain et de viande froide, que j'avais dans ma sacoche d'état-major; il mange avidement, machinalement, puis reste prostré, anéanti, pendant près d'une heure. Tout à coup, il paraît revenir à lui : il se lève et me dit : « Mais je suis dans une ambulance! Ce n'est pas ma place, je ne suis pas blessé... Qu'est-ce que je fais là? Il faut que je parte! c'est mon devoir! » Il se lève, tout chancelant encore; je veux le retenir : il proteste et s'excuse à nouveau d'être à l'ambulance; il ne sait ce qu'il est venu y faire. Je lui conseille de gagner Grandcourt et la Malmaison par Ruette. Il disparaît, hagard, la démarche mal assurée. Il est évidemment sous le coup d'une de ces psychoses de choc, naguère décrites par Saporito.

Le nombre des blessés s'accroît d'heure en heure. On les entasse à tous les étages, dans les chambres et les couloirs; partout s'élèvent des plaintes et des gémissements : « J'ai soif! Mon Dieu! que je souffre!... Un médecin par pitié!... Infirmier!... Maman!... Maman!... » Un malheureux a le périnée labouré par un éclat d'obus; ses urines se mêlent à ses matières dans une boue fétide et sanglante; un autre a la colonne vertébrale brisée, et ne sait quelle position prendre. « Oh! mon dos! Ne me touchez pas! » Ailleurs, un cri s'élève : « Mon ventre!... Au secours!... A moi! Par pitié, achevez-moi!... » Une odeur fade de sang, des relents d'évacuations inconscientes vicient l'atmosphère, la nuit arrive! Nous sommes bien abandonnés cette fois! Au dehors, quelques coups de feu éclatent encore, puis c'est la fuite de paquets d'hommes affolés. Quelle tristesse, quelle impuissance! Nous sommes seuls, dans la main de Dieu!

Une servante me tend un morceau de pain, de la viande, puis un demi-verre de vin; je mange machinalement. Une jeune fille place un petit coussin sous ma tête : « Oh! merci, Mademoiselle!... » Elle veut me faire transporter dans une chambre, mais on peut avoir besoin de moi : il faut que je reste, c'est mon devoir! Oui, c'est le devoir! D... installe ma jambe blessée sur la couverture repliée plusieurs fois sur elle-même et je m'assoupis un instant, vaincu par la fatigue et les émotions de cette terrible journée; j'envoie aux miens un triste et tendre souvenir, et malgré l'air empesté du charnier qui m'entoure, je cède au sommeil jusqu'à vingt et une heures.

Le baron de G... et sa sœur aînée, Mlle Raphaële, ont voulu demeurer près de nous, héroïques gardiens de cette lugubre veillée de la souffrance et de la mort!

Je me réveille en sursaut; c'est un cliquetis d'armes, mêlé d'interpellations gutturales. La première patrouille se présente à la grille. Mlle Raphaële, son frère et D... parlementent; un officier paraît, il est poli, jette un regard sur notre asile de misère et s'éloigne, affirmant son respect de la Croix-Rouge, notre sauvegarde. Il demande qu'on place une lampe ou une lanterne à la grille pour éclairer le fanion; le silence n'est plus troublé que par des gémissements et de rares coups de feu qui éclatent dans la nuit. Vers dix heures du soir, seconde alerte, celle-là plus sérieuse. C'est une nouvelle patrouille; l'officier qui la commande a le verbe sec et cassant, il paraît fort irrité. Mlle Raphaële est déjà vers lui, une lampe à la main, criant : « *Rothe Kreuz, Rothe Kreuze!* » Croix-Rouge, croix-rouge! Il refuse d'entrer dans la cour, prétextant qu'il y a des francs-tireurs. D... et Duflos essaient de parlementer, mais en vain.

L'officier affirme, d'un ton courroucé, qu'au village de Gomery, on a tiré sur lui des fenêtres d'une maison portant le fanion de la Convention; il est décidé à faire un exemple, menace ses interlocuteurs de la fusillade immédiate, puis s'exaspérant tout à coup, il fait saisir et ligoter mes deux malheureux compagnons et disparaît avec eux dans la direction du bourg de Gomery.

Le poste de secours est désormais privé de son unique médecin! quelques infirmiers, un médecin auxiliaire sont notre seule ressource; mais ils succombent à la fatigue et au sommeil. De nouveau la nuit s'emplit de gémissements, de plaintes lamentables; bientôt s'y mêlent les râles oppressés des mourants, des mots d'adieu entrecoupés; nuit terrible, nuit sinistre! On vient me prévenir de plusieurs décès. Heureux ceux qui ne souffrent plus! Ils sont entrés glorieusement dans l'éternelle paix!

A 23 heures, la porte s'ouvre brusquement; c'est un lieutenant d'artillerie française, jeune homme imberbe! il jette un long regard curieux sur notre refuge:

« Que venez-vous faire ici, lui dis-je? Quelle imprudence! Vous allez vous faire massacrer; les patrouilles ennemies battent la campagne! »

— « Baste, répond-il, je n'en ai pas ren-

contré, j'amène des attelages frais pour chercher mes caissons restés sur la route. »

« Je lui souhaite bonne chance, il ferme la
porte et disparaît dans l'ombre. Aura-t-il réussi
son entreprise hardie? Je ne l'ai jamais su.
Tout retombe dans le silence; le sommeil
m'apporte à nouveau l'apaisement et l'oubli!

Dès l'aube, les infirmiers sont debout et
s'activent à une besogne funèbre: onze malheureux blessés ont succombé dans la nuit; leurs
dépouilles sont transportées dans un bosquet
voisin de la maison, en attendant qu'on puisse
leur rendre les derniers devoirs. L'un de ces
malheureux a les bras raidis en avant dans un
dernier geste de prière ou de défense! C'est
réellement poignant. Mlles de G... accourent
de la ferme voisine où elles s'étaient réfugiées;
on fait chauffer du thé, du café, de la tisane,
on abreuve ces malheureux qu'une soif inextinguible, celle du sang versé, dévore depuis de
longues heures! Je suis réellement brisé et
ne sais plus quelle position imaginer pour
soulager ma pauvre jambe. Le sang a suinté
doucement toute la nuit, mon pansement en
est imbibé, mais ce sang forme une carapace
protectrice; je n'y touche pas, je me contente
d'envelopper mon genou avec un mouchoir
propre que j'avais en réserve dans ma sacoche
d'état-major.

Des patrouilles allemandes passent sur la

route; elles réclament à grands cris du pain,
des œufs, puis s'éloignent.

Il est huit heures, le ciel est sombre! mais
voici l'ami S... qui vient aux nouvelles! les
officiers n'ont pas accepté l'hospitalité du château, ils ont une installation confortable au village et préfèrent ne pas la quitter. Hélas! ils
signent inconsciemment leur arrêt de mort!
Nous agitons la question de l'évacuation de
nos blessés sur Virton, gros bourg que nous
savons bien pourvu en locaux collectifs: écoles
et couvents. La famille de G... nous affirme
qu'on y trouvera des ressources matérielles
considérables; nous décidons d'envoyer deux
infirmiers en bicyclette chez le bourgmestre
pour recueillir des indications sur le nombre
des locaux et des lits disponibles. L'infirmier
Cheux du 14ᵉ régiment de hussards s'offre pour
cette mission avec un de ses camarades, il surmonte son guidon d'un fanion de la Convention
de Genève, et les estafettes s'éloignent à vive
allure.

S... me quitte pour rassembler des charrettes et des attelages. Deux heures s'écoulent;
notre mission revient, non sans peine. Elle a pu
joindre le bourgmestre; Virton est encombré
par les blessés du 2ᵉ Corps; il ne reste ni un lit
ni une couchette! Au retour, nos envoyés ont
été molestés par les Allemands, on leur a volé
leurs bicyclettes avant de les relâcher. Il faut

décidément renoncer à tout projet d'évacuation.

J'ai su plus tard, par une lettre du médecin-inspecteur Comte, directeur du Service de Santé du 4ᵉ corps, ce qui s'était passé à Virton. Le 22 au soir, le quartier général du corps d'armée s'était replié dans la conviction que les Allemands arrivaient en masse sur la ville; on avait abandonné de nombreux blessés épars sur le champ de bataille.

Il fut convenu avec le général Boelle, commandant le 4ᵉ corps, qu'un médecin irait reconnaître la situation. Le médecin-major de 2ᵉ classe Delater, du groupe des brancardiers de corps, se rendit seul à Virton, avec beaucoup de courage; il rentra dans la nuit, annonçant qu'il restait encore quatre ou cinq cents blessés à relever. On songeait à réclamer un armistice? Le général Boelle répondit qu'on ne pouvait traiter sous le canon ennemi. Une demande fut alors adressée à M. le médecin-inspecteur Mignon, chef supérieur du service de santé de la 3ᵉ armée pour savoir s'il jugeait à propos de sacrifier une ambulance et un certain nombre de brancardiers dont il fallait prévoir la capture certaine; quelle fut la destinée du message? aucune réponse ne vint du médecin de la 3e armée. D'ailleurs, les Allemands avançaient rapidement par Ethe, Goméry et Ruette; ils faillirent enlever les ambulances de la 7e division à Charency et à Vezins.

A onze heures, un brouhaha joyeux s'élève; c'est l'aide-major D... qu'une patrouille allemande ramène; Duflos le suit affublé d'un manteau de dame de couleur beige, à manches pagodes du plus drôle d'effet. D... nous raconte son odyssée nocturne :

« A peine avais-je échangé quelques paroles
« avec l'officier allemand qu'il me fait appré-
« hender et jeter à terre avec la dernière des
« brutalités! Ses acolytes me ligottent soigneu-
« sement les mains; remis sur pieds, je dois
« marcher entre deux hommes tenant un
« revolver à hauteur de mes tempes, pendant
« que deux autres m'appuient dans le dos le
« canon de leurs fusils! Je suis ainsi conduit
« et promené dans le village de Gomery, invité
« à crier de temps à autre : « Qui vive?... »
« Par bonheur aucun coup de feu ne partit
« des maisons, sinon j'étais mort! L'officier
« allemand répétait à tout instant : « On a tiré
« sur nous, vous êtes nos otages, vous serez
« fusillés! » Enfin, nous fûmes entraînés
« au village de Bleid ; une ambulance alle-
« mande s'y trouvait en plein fonctionne-

« ment ; j'y reçus bon accueil de nos confrères
« allemands, et travaillai avec eux une partie
« de la nuit ; moyennant quoi, nous eûmes un
« peu de pain et de l'eau ; vers cinq heures du
« matin, le médecin-chef m'octroya un sauf-
« conduit avec quatre hommes d'escorte qui
« devaient m'accompagner à Gomery. Duflos,
« qui voyageait en bras de chemise, reçut de
« la châtelaine un manteau pour se protéger
« de la brume glacée ; mais une véritable mal-
« chance nous fit croiser une patrouille de
« cavaliers qui nous entraîna de nouveau, entre
« ses montures, jusqu'au village d'Éthe ; là, je
« fus conduit à un état-major. Le commandant
« du 5ᵉ corps allemand, le comte S... m'ayant
« interrogé, dans un français des plus corrects,
« me signa, de sa main, un sauf-conduit que
« voici ! Nous sommes harassés, fourbus et
« affamés ! »

On s'empresse autour des rescapés qui, après
s'être restaurés, vont chercher un peu de repos
dans un coin reculé du château.

Vers 13 heures, des pas pesants résonnent
sur la route et subitement, sans sommation
d'aucune sorte, la fusillade éclate nourrie sur
la façade du château, les balles percent les
volets, vibrent et s'enfoncent dans les cloisons.
Aucun blessé n'est touché, mais trois malheureux soldats affolés ayant ouvert la porte pour
fuir sont fusillés, à bout portant, sur la pelouse.

Une patrouille de grenadiers poméraniens s'engouffre dans la cour, baïonnette en avant ; un jeune sous-lieutenant imberbe, mais de figure énergique, précède ses hommes, revolver au poing ! Mlle Raphaële, toute tremblante, mais avec un élan sublime de courage et de pitié, s'élance au-devant de cette horde, et se dégage des infirmiers qui veulent la retenir :

« Pas d'hommes, crie-t-elle, je vous en supplie, ils vous tueront ! Moi seule ! »

Et seule, elle bondit en avant, et crie :

« Ne tirez pas, *Rothe Kreuze, Rothe Kreuze* ! »

L'officier l'écarte brutalement, entre et commande d'une voix rauque :

« Les mains hautes, que personne ne bouge, ou vous êtes morts ! »

Tout à coup, il m'aperçoit, se raidit, salue militairement et le dialogue suivant s'échange en allemand, brusque et heurté :

« Qui êtes-vous ?

« — Médecin divisionnaire, blessé au genou, hier, au combat d'Éthe.

Il se baisse vers moi, saisit ma vareuse dont il examine les boutons.

« Vous n'êtes pas médecin, pas d'Esculape sur vos boutons ! »

« — Je suis « général-arzt ». Vous ne connaissez pas cet uniforme, c'est un nouveau vêtement de guerre !

« — Vous n'êtes pas médecin ! », reprend-il impatienté. Et élevant son revolver à la hauteur de ma figure : « Vous êtes blessé ! les médecins ne sont pas blessés ! Vous êtes officier, vous avez fait tirer sur nous avec une mitrailleuse !

« — Il n'y a ici aucun homme armé, il n'y a que des blessés, des mourants et des morts ! Nous sommes tous sous la protection de la Convention de Genève.

« — Ce n'est pas vrai ! vous avez mis un brassard, mais vous êtes officier !

« — Je suis médecin, regardez Esculape à mon cou, sur mes écussons !

« — Oui, Esculape ! »

Puis il saisit ma décoration et l'examine curieusement : « Croix du Mérite ? » Je réponds : « Légion d'honneur ! » Il se relève en disant : « Je vous prends comme otage, » et installe une série de sentinelles, dont une se tient à mes côtés, baïonnette au canon, puis il monte au premier étage suivi de ses hommes, parcourt les chambres, fouillant coins et recoins, cherchant une occasion de nous trouver en faute. Pendant cette visite j'adresse la parole à mon gardien : il est tout jeune, d'aspect réjoui, et fume un gros cigare, en crachant à tout instant par terre. Il est de Posen et appartient au 47ᵉ régiment poméranien ; il est très fier d'être habillé de neuf et me détaille avec complaisance tous les mérites de son équipement, puis il s'enhardit et saisit ma croix de la Légion d'honneur qui excite sa convoitise : « *Achtung !* (attention !) lui dis-je. »

Il remet instantanément la main dans le rang ; ma pauvre croix l'a échappé belle ! L'officier redescend, il paraît désappointé, grommelle entre ses dents :

« *Kein Menschen ! Kein bewehr !* (pas d'hommes armés, pas de fusils !) Suivez-moi ! me dit-il.

« — Cela m'est impossible, vous voyez bien que j'ai une balle dans le genou, je ne peux marcher. »

Il appelle deux infirmiers français qui assistent à cette scène, leur commande d'apporter un brancard, où il me fait étendre : nous gagnons le seuil du château ; ma civière est entourée de six hommes en armes ; j'entends les sanglots de Mlles de G... et les imprécations de mes braves blessés. Chacun pense que je vais à la mort, et m'adresse un dernier salut ; le convoi s'engage sur la route de Gomery.

La veille, pendant six longues heures, j'étais resté sous la rafale des projectiles, résigné au trépas qui m'apparaissait glorieux, presque enviable, dans cette lutte grandiose, sous le soleil qui faisait miroiter les armes ; mais à cette heure, inerte, désarmé, couché sanglant sur une civière, sous un ciel gris, aux mains de soldats en qui je pressens des bourreaux, j'ai connu la sueur froide qui baigna le front du Christ au jardin des Olives. Je vais donc mourir contre un mur ou dans un fossé, lâchement assassiné, sans gloire et sans profit pour personne! C'est à en pleurer de rage impuissante! Hier, la mort n'a pas voulu de moi; aujourd'hui, elle me surprend en traîtresse. Ma pauvre femme, mes petits enfants! voici la fin de notre cher bonheur! Et toi, ma vieille maman, tu attendras en vain mes lettres, et mon retour au nid familial!!!

A l'entrée du village une fusillade nourrie nous accueille; les balles sifflent, rapides et drues; c'est le 47° régiment poméranien qui assure son entrée par des feux de salves! Ma patrouille hésite, elle fait halte, son chef l'abrite avec moi derrière un mur; nous attendons que la rafale passe. Déjà les premières maisons du village flambent comme des torches; les vitres éclatent avec fracas, des torrents de fumée s'élèvent, bientôt traversés par de hautes flammes claires. Je vois des soldats qui procèdent, à quelques pas de nous, à l'incendie méthodique de ces malheureuses chaumières à l'aide de pulvérisateurs arrimés sur leur dos et munis de lances, ils arrosent les boiseries et les chaumes, jettent à l'intérieur des pastilles inflammables, puis allument le tout à l'aide de torches. Femmes, enfants, vieillards fuient, les bras levés au ciel, en poussant des cris d'épouvante; les bœufs beuglent d'une façon lamentable, les moutons bêlent, la fusillade implacable fait rage autour de ces pauvres gens et de leur bétail. Spectacle sinistre, pitoyable! Le jeune officier qui m'accompagne en est honteux; il se rapproche et me dit à voix basse : « Je regrette, je regrette, c'est la guerre! c'est la guerre! » Puis il ajoute, sentant le besoin de justifier cette barbarie : « On a tiré sur nous, du château même, avec des mitrailleuses! » Le calme renaît un peu, notre cortège reprend sa route, entre deux haies de flammes; nous prenons le chemin qui monte dans la direction d'Ethe; un régiment de uhlans défile en sens inverse. On me regarde curieusement, j'entends des officiers échanger leurs réflexions : « C'est un général médecin! Tiens, il est blessé au genou. Il a la croix du mérite! » Quelques-uns me saluent correctement; je leur rends le salut. Voici le 47ᵉ régiment d'infanterie poméranien qui suit le régiment de uhlans. Le sous-lieutenant commande halte : on me pose à terre, sur le bord gauche de la route. « Écoutez-moi, lui dis-je, poussé par une inspiration soudaine, que voulez-vous faire de moi? me fusiller comme otage? Allez demander des instructions et répétez bien ceci : « Non seulement je suis médecin, mais encore je suis professeur à l'Académie militaire de Paris, et je connais                          au Ministère de la Guerre à Berlin, le général Ober-Arzt Von Coler. Faites-moi venir un médecin de votre régiment; il verra bien en m'interrogeant que je suis médecin et non pas officier de troupe! » A cet instant, une importante fraction d'infanterie arrive à hauteur de notre groupe; un officier âgé la commande. L'Ober-leutnant se présente à lui et lui répète exactement ce que je viens de dire : l'officier reprend :

« C'est un médecin, professeur à l'Académie militaire de Paris? »

— Il le dit, il est Professeur! »

« — Il connaît le général Oberarzt Von Coler?

— « Oui! il le dit; (*ya, er sagt!*) »

Puis il jette un regard hautain sur moi, et d'un ton sec et rogue :

« Qu'il retourne à sa maison, et vivement! (*Nach Haus zuruck, und schnell!*) »

Et la troupe oblique dans les champs voisins où elle se déploie tout en marchant. — L'oberleutnant est devant moi, rectifiant la position : la main au casque, il me dit rapidement :

« Moi aussi, je suis de l'Université de Bonn; je ne suis pas méchant : *aber das ist Krieg;* (mais c'est la guerre!) » « Je regrette! »

Il me salue derechef, et s'éloigne avec ses hommes me laissant sur la route, maintenant déserte, avec mes deux infirmiers. Le drame est fini! Nous repartons lentement, car je suis lourd et mes pauvres porteurs sont brisés de fatigue et d'émotion. Laissant à droite le village de Gomery qui flambe, nous suivons un sentier qui débouche dans une grande allée du parc, celle par laquelle je suis arrivé la veille au château. Encore quelques minutes, et nous voilà dans la cour, au grand et joyeux étonnement des châtelains de G... et des blessés. On avait bien cru ne jamais nous revoir!

Que de fois depuis lors, j'ai béni le titre de professeur et son prestige en Allemagne! Il m'a réellement sauvé la vie!

Pendant mon absence, une autre patrouille s'était présentée menaçante à Gomery; elle avait pris de nombreux otages : le baron Constantin de G..., son domestique Nicolas, l'abbé Bauré, chapelain et ami de la famille, qui relevait à peine de la fièvre typhoïde, le médecin aide-major D... et les avait entraînés au village de Gomery. Cette patrouille était commandée par le lieutenant qui, la veille au soir, avait ligotté mon aide-major. Elle fit assister les otages aux massacres qui se déroulèrent dans Gomery, au cours de cette sanglante après-midi. Le récit nous en a été conservé par des témoins oculaires.

Le capitaine P..., du 104$^e$ régiment d'infanterie, blessé à la tête, à la poitrine et au pied, se trouvait à Gomery au premier étage d'une maison du village avec le docteur Vays-

sières, médecin auxiliaire du 26e régiment
d'artillerie, et le lieutenant Deschars, interprète
du quartier général de la 7e division. Vers onze
heures du matin, un premier détachement allemand pénétrant dans le village recueillit toutes
les armes des blessés ; une heure après environ,
une seconde troupe composée de véritables
forcenés fait irruption en poussant des hurlements, tirant des coups de fusil et de révolver,
pendant que d'autres mettent le feu à la maison,
puis ils expulsent brutalement des autres chaumières du village de nombreux blessés capables
de marcher et un groupe de huit infirmiers régimentaires ; ils les conduisent au mur du cimetière et les fusillent lâchement. L'un de ces
infirmiers, nommé Nicod, originaire de Vitry-
sur-Seine, eut la présence d'esprit de tomber
avant la décharge : la nuit suivante, il rallia le
château de G... avec l'infirmier Bourgis.

Les granges qui servaient d'asile sont livrées
aux flammes. Les malheureux qui cherchent à
fuir sont tirés au vol dès qu'ils apparaissent aux
portes des hangars ; quelques-uns rampent
encore sur les mains et les genoux ; l'aide-major
D... les voit achever sur la route, par un tir à
bout portant.

De la fenêtre de sa chambre, le capitaine
P... assiste au même spectacle, l'immonde
fusillade de malheureux soldats ou infirmiers
qui fuient l'incendie. Les soldats allemands

placés en face « les tiraient au vol comme des lapins sortant de leurs terriers. » A demi-asphyxié par la fumée, léché par les flammes, le capitaine P... se décide à sauter par la fenêtre du premier étage dans le jardin, et se traîne jusqu'à un fossé, où quelques autres malheureux blessés avaient cherché asile.

« Le spectacle, dit-il, était effrayant : la plu-
« part des maisons étaient en flammes, les
« coups de feu se succédaient sans interrup-
« tion. »

Un nouveau détachement ennemi surgit tout à coup et fait lever les malheureux à coups de baïonnettes et de crosses.

« Nous fûmes conduits vers le cimetière,
« raconte le capitaine P..., et j'aperçus en
« arrivant, un monceau de soldats étendus
« pantelants contre le mur : un peloton, com-
« mandé par un officier, se tenait en face, les
« armes encore fumantes. Il était facile de
« comprendre ce qu'on allait faire de nous.
« J'interpellai alors l'officier allemand, lui de-
« mandant de me donner la raison de pareils
« traitements.

« — Vous avez tiré de l'ambulance, me dit-il.

« — Je vous jure sur mon honneur d'officier
« français que pas un coup de feu n'est parti
« des ambulances.

« — C'est bien. Vous êtes officier, vous ne
« serez pas fusillé. »

« On me sépara brusquement de mes in-
« fortunés compagnons ; j'aperçus au milieu
« d'un groupe conduit au mur fatal, un lieute-
« nant blessé au pied que soutenaient deux de
« ses hommes ; il vint à moi me serrer la main
« avant de mourir : nous échangeâmes quelques
« mots, et comme il reprenait sa place parmi
« les condamnés, je demandai à l'officier alle-
« mand de bien vouloir l'épargner. Il fit droit
« à ma demande, disant :

« — On ne fusille pas les officiers. »

« Le spectacle était poignant.

« Quelques soldats nous adressèrent un
« suprême adieu, d'autres protestaient :

« — Nous sommes prisonniers de guerre !
« n'est-ce pas, mon capitaine, qu'on n'a pas le
« droit de nous fusiller ? »

« Nous dûmes assister impuissants, les lar-
« mes aux yeux, à l'exécution de nos hommes
« qui tous moururent en braves ! »

Le docteur S..., médecin aide-major de
1re classe du 26e régiment d'infanterie, petit-
fils de l'illustre chirurgien militaire, nous a
conservé le récit d'une des scènes les plus
poignantes du sinistre drame de Gomery dont
il fut l'une des glorieuses victimes. Voici le
récit qu'il nous en a fait, à son retour d'Ingolstadt, après sept longs mois de captivité, le
26 mars 1915 :

« Le 21 août au soir, nous avions cantonné

« à Ruette (Belgique), venant de Merles
« (France). Le 22 au matin, la colonne prit la
« direction d'Ethe par Gomery ; tout à coup à
« hauteur de ce village, fusillade et canonnade
« éclatent à l'avant ; la colonne fait halte, et ma
« batterie prend position sur une hauteur à
« gauche de Gomery, un peu au-dessus de la
« route de La Tour, à 300 mètres du village. La
« voiture médicale et la forge en étaient séparées
« par une file de voitures d'infanterie. Dix mi-
« nutes ne s'étaient pas écoulées qu'un cycliste
« vient me chercher de la part du capitaine
« Marschall, commandant la 1re batterie, il avait
« deux blessés. Je les fis diriger sur le village,
« et quittant la voiture, je me portai en avant
« avec mon personnel pour me tenir à proxi-
« mité de mon groupe. Les deux blessés furent
« pansés et j'installai mon poste dans une mai-
« son sur laquelle fut arboré le drapeau de la
« Croix-Rouge, indice de ralliement pour les
« blessés et les brancardiers divisionnaires ; je
« fis connaître notre emplacement au chef de
« groupe du 26e par un agent de liaison.

« A ce moment, il devait être dix heures, un
« peloton du 14e hussards revenait de la charge
« avec quelques blessés. Un élève de l'École
« du service de santé, accourant des alentours
« d'Ethe, vint nous dire qu'un groupe du
« 26e d'artillerie était détruit, ses caissons
« explosés, etc..., et qu'il y avait de nombreux

« blessés. Mes brancardiers ramenèrent quel-
« ques artilleurs gravement atteints ainsi que
« mon confrère, le docteur de Charette, aide-
« major du groupe, deux fois blessé ; d'autres
« rejoignirent par leurs propres moyens.

« Dans l'après-midi, j'appris qu'un second
« poste de secours dirigé par le médecin aide-
« major de 2ᵉ classe D..., du 14ᵉ hussards, était
« établi au château de G..., à 800 mètres du
« mien et que mon médecin divisionnaire,
« M. le médecin principal Simonin, venait d'y
« être transporté, assez sérieusement atteint.

« Les blessés d'infanterie continuant d'af-
« fluer, je dirigeai sur Ruette, où devaient se
« trouver les ambulances, tous les hommes en
« état de marcher ; les autres, étendus sur de la
« paille, furent installés dans la maison que
« j'occupais, dans une grange attenante et dans
« une autre petite maison lui faisant face, éga-
« lement pourvue d'une grange.

« Comme j'allais envoyer le médecin auxi-
« liaire Vayssières prendre les instructions de
« M. le médecin-principal Simonin, je vis pas-
« ser notre général de division ; il fit descendre
« de cheval deux maréchaux des logis d'escorte
« qui étaient blessés ; on apporta quelques
« instants après le lieutenant interprète Des-
« chars, ainsi que 4 ou 5 officiers d'infanterie,
« tous plus ou moins grièvement atteints. Les
« ordres du médecin divisionnaire prescrivaient

« d'attendre, que les brancardiers division-
« naires allaient rejoindre incessamment. Vers
« 5 heures, les batteries du 26ᵉ cessèrent le
« feu, puis s'éloignèrent. Sans me préoccuper
« sérieusement de notre situation, je demeurai
« convaincu que, sitôt l'évacuation des blessés
« assurée, il me serait aisé de rejoindre. A la
« nuit j'appris qu'une patrouille ennemie ve-
« nait d'enlever l'aide-major D.... Me doutant
« à ce moment qu'il ne fallait plus compter
« sur l'arrivée des brancardiers divisionnaires,
« j'installai les blessés le mieux possible, et
« continuai à envoyer sur l'arrière tous ceux
« qui étaient en état de marcher.

« Toute la nuit du samedi au dimanche, nous
« restâmes sur pied à panser les nouveaux ve-
« nus et à renouveler les pansements urgents.
« Nous pûmes nous procurer un peu de lait
« et parer ainsi aux besoins les plus pres-
« sants. Le dimanche matin 23, je gagnai
« moi-même le château sans rencontrer aucun
« Allemand sur la route. Je vis le médecin
« principal Simonin, lui offris mes services ; il
« fut entendu que j'agirais pour le mieux, en
« tentant d'évacuer le plus de blessés possible,
« trois voitures lorraines ayant été trouvées à
« grand'peine, je pus me procurer des chevaux
« abandonnés dans les champs, on y plaça des
« officiers et je pris à pied les devants pour re-
« connaître la route. Je constatais alors que des

« ulhans étaient en vue et qu'il était matériel-
« lement impossible de passer. Les blessés
« furent donc descendus de voiture et réins-
« tallés dans les bâtiments sur lesquels flot-
« taient les insignes de la Croix-Rouge, puis
« nous attendîmes les événements.

« Vers 11 heures, un infirmier en observa-
« tion me crie : « Les voici ». C'était une pa-
« trouille d'infanterie allemande qui se montrait
« à l'entrée du village. Je me portai à sa ren-
« contre, le fanion médical à la main ; mais
« brusquement je fus mis en joue et essuyai
« deux ou trois coups de feu ; je ne fus pas atteint.
« Un lieutenant s'étant avancé, je lui déclarai
« être *militar-arzt* resté auprès des blessés ;
« que les locaux les abritant étaient placés sous
« la protection de la Croix-Rouge. Il me de-
« manda à les visiter, passa partout en ma
« compagnie, montant à l'étage de la maison
« et saluant les officiers. Puis, ayant vu et
« après avoir déclaré que tout était correct,
« il se dirigea vers le bas du village en me
« recommandant d'attendre des ordres. Les
« soldats allemands occupaient la rue ; l'un
« d'eux m'apporta même des boîtes de conser-
« ves pour nos hommes ; d'autres brisaient les
« armes des blessés, laissées à l'extérieur du
« poste de secours ; quelques-uns faisaient le
« geste de couper le cou criaient : *es ist der*
« *Krieg des Tods!* (c'est aujourd'hui la guerre

« sans merci!) ou encore : *Kugel in Kopf* (balle
« dans la tête!) Je fis rentrer tout mon person-
« nel à l'intérieur, voulant éviter toute provo-
« cation et je mis en train le pansement du
« lieutenant interprète Deschars, qui se trou-
« vait dans la première pièce de l'immeuble
« occupé.

« Je venais de terminer et me disposais à
« gagner l'étage, quand la porte d'entrée s'ou-
« vrit brusquement. Jurons, coups de crosse :
« un sous-officier entre suivi de 7 ou 8 hommes;
« il me crie de sortir avec tout mon personnel,
« que nous allons être fusillés. Je tente de lui
« expliquer qu'il n'y a là que des médecins et
« des blessés. Dans la première pièce destinée
« aux pansements se trouvaient alors avec moi
« le médecin auxiliaire Vayssières, l'étudiant
« en médecine Grimbert, le lieutenant inter-
« prète Deschars blessé ainsi que l'infirmier
« Bourgis.

« *Heraus! heraus!* » nous crie le sous-offi-
« cier. Je lui demande d'aller chercher son
« lieutenant qui nous avait déjà inspectés.
« Pour toute réponse, me visant à la tête, il
« fait feu d'un revolver français qu'il portait
« suspendu au cou; un geste instinctif de pro-
« tection fit dévier à travers l'épaule droite la
« balle qui devait me tuer et j'entendis le cri
« de « *Feuer! Feuer!* » Les hommes tirent. Je
« suis atteint de deux nouvelles balles, l'une

« me traverse la cuisse droite, l'autre le bras
« gauche. Je tombe contre la porte communi-
« quant avec l'autre pièce, elle s'entr'ouvre
« derrière moi. La chambre était pleine de
« fumée; des coups de feu, des cris horribles,
« des hurlements affreux, des râles m'indi-
« quent que, dans la pièce contiguë, on tue les
« blessés. Je suis entraîné en arrière par un
« infirmier qui ferme la porte sur moi. Il
« veut me porter, je le supplie de me laisser
« mourir tranquille et de se sauver. C'est à cela
« que je dois la vie. Je reste à terre, les hommes
« tentent de fuir par les fenêtres et les portes,
« mais ils rentrent aussitôt ou tombent, on
« leur tire dessus à bout portant. D'autres sont
« entraînés plus loin, car j'entends crier : « Ils
« vont nous tuer »! Ce sont des courses éper-
« dues, des coups de crosse, des coups de feu,
« les Allemands crient : « *Noch ein, noch ein* »
« (encore un, encore un), et ils tirent sans pitié.
« Un ronflement sourd! c'est le feu! il vient de
« la grange et arrive sur moi. Je me traîne
« alors à travers la maison. J'aperçois des
« Allemands qui cherchent dans le jardin,
« fouillent les morts. La fumée est épaisse : je
« passe inaperçu, j'arrive à l'autre extrémité,
« dans l'atelier. Le feu me poursuit, impos-
« sible de sortir sans être tué. Une échelle dans
« un coin! Il faut grimper, c'est la vie pour
« quelques instants encore! M'aidant des dents,

« de ma main valide et de ma jambe gauche,
« j'arrive en haut dans un faux grenier rempli
« de bois et de fagots. J'étouffe! Par bonheur,
« un trou comme la tête existe entre le mur et
« le toit; j'y trouve un peu d'air. Les Allemands
« sont au-dessous, dans le jardin. Les flammes
« lèchent le toit qui commence à brûler. J'ai pu
« agrandir un peu le trou. Les Allemands se
« sont retirés et, au moment où le toit se
« met à flamber, je me laisse tomber dans le
« vide et me brise le péroné. Je rampe jusqu'à
« un petit champ de choux, où je trouve cinq
« ou six hommes qui, avant moi, ont sauté du
« premier étage de la maison principale. Parmi
« ceux-ci le docteur de Charrette, deux fois
« blessé; le lieutenant Jeannin, amputé par
« moi le matin; deux maréchaux des logis.
« Jeannin a perdu son pansement, le moignon
« est entré en terre. C'est horrible! Les autres
« blessés ne pouvant marcher brûlent, on en-
« tend leurs hurlements. Nous restons cachés
« jusqu'à la nuit; le froid est vif, nous grelot-
« tons. Où fuir, où s'abriter? Je demande qui
« veut tenter de découvrir un refuge. Personne
« ne s'offre. Je pars donc, mais quelles atroces
« souffrances! Après une demi-heure d'efforts,
« j'atteins la maison, j'ai fait vingt mètres.
« Les poutres flambent encore doucement;
« j'arrive à me hisser sur une fenêtre et re-
« tombe de l'autre côté sur un cadavre. Un

« trou est béant devant moi, c'est la cave ; elle
« n'est pas écroulée, nous sommes sauvés !
« Mais dans la cage de descente, des poutres
« brûlent encore, l'escalier n'existe plus. Je
« regarde, j'écoute. Il me semble entendre du
« bruit. J'appelle alors. Pas de réponse. Puis,
« sur un nouvel appel, j'entends chuchoter :
« Qui est là ? » « Moi, le major S... ». Un cri
« de joie me répond ; c'est Teissier, mon
« ordonnance. Il monte me chercher et me
« descend, puis il aide les autres blessés qui
« rampent derrière moi. Nous nous blottissons
« dans la cave. Nous nous comptons, je crois
« me rappeler que nous étions dix-huit, dont
« quatre venaient d'arriver; les autres s'y
« trouvaient réfugiés depuis les premiers
« coups de feu.

« Quelle horrible situation. Un air sur-
« chauffé, presque irrespirable. Une soif in-
« tense provoquée par la chaleur et les bles-
« sures, pas une goutte d'eau ! Un homme
« trouve une bouteille de vin blanc que l'on
« partage fraternellement, nous en avons cha-
« cun deux gorgées. On découvre une bouteille
« d'alcool à brûler; je la fais jeter. Certains
« mangent des pommes de terre crues. Et le
« jour naît ramenant l'angoisse, car les Alle-
« mands passent dans la rue, visitent la mai-
« son, viennent jusqu'au bord de la cave.
« A l'entrée de celle-ci, j'ai fait jeter un peu de

« bois et le feu, brûlant toujours, nous délivre
« des visites qui pourraient provoquer notre
« mort. On entend dans le lointain le canon
« français et tout près celui des Allemands qui
« y répond ; des pièces d'artillerie passent au
« galop dans la rue. Une altercation violente,
« et j'entends quelqu'un à cheval crier en alle-
« mand : « C'est horrible ! on a tué tous les
« blessés ! *Ihr Gott ist nicht mein Gott!* (leur
« Dieu n'est pas mon Dieu) ». Sans doute, un
« être doué d'humanité est révolté par le spec-
« tacle que doit offrir la rue. Dans l'après-midi,
« après avoir essayé vainement de desceller le
« corps de pompe pour nous procurer un peu
« d'eau, je décide de me faire porter au dehors.
« Nous ne pouvons pas mourir dans cette cave !
« Mieux vaut courir le risque d'être fusillé.
« Mes hommes refusent tout d'abord, mais
« j'arrive à décider Teissier et le conducteur
« de la voiture médicale. Tous deux me pren-
« nent sous les bras, m'aident à gagner l'air
« libre ; les autres suivent. Nous passons par
« le jardin, il est plein de cadavres. Nous arri-
« vons dans la rue, toujours des morts ! Un
« d'eux est en chemise, avec une gouttière à
« chaque jambe. On nous aperçoit, les Alle-
« mands accourent, un sous-officier en tête.
« Je montre mon brassard, on nous conduit
« sans brutalité jusqu'au cimetière. A gauche
« contre le mur, ce ne sont que cadavres ; près

« de la porte, une trentaine de blessés. De-
« lorme, mon brigadier infirmier, est là avec
« une fracture de cuisse par coup de feu. Deux
« infirmiers me racontent qu'ils ont été mis
« au mur du cimetière et fusillés ; mais ils se
« sont laissés tomber. L'un d'eux est indemne,
« l'autre a une balle en séton entrée dans la
« région temporale, sortie derrière et au-des-
« sus du niveau de l'oreille. Les plus valides
« pansent les autres, on nous donne de l'eau.
« Puis je suis déposé sur le côté de la route
« opposé au cimetière, près d'un de mes pa-
« niers médicaux, le seul laissé par les Alle-
« mands qui ont fouillé ma voiture médicale.
« Les drapeaux qui protégeaient mon poste de
« secours sont dans le champ voisin, on a dû
« les arracher au moment de l'incendie.

« Encore une demi-heure d'attente, il doit
« être quatre ou cinq heures. On me fait des-
« cendre au bas du village, mon ordonnance
« a pu rester avec moi. Il me porte plutôt qu'il
« ne me soutient.

« Je suis ensuite hissé en compagnie du
« lieutenant Jeannin dans une voiture d'ambu-
« lance à deux brancards qui nous mène à
« Allondrelles ; nous y passons la nuit sur des
« bottes de paille, admirablement soignés par
« une jeune Française. Le lendemain, dans une
« voiture lorraine, nous fûmes dirigés sur le
« feldlazareth allemand de Vezin-Charency,

« où nous arrivâmes à la nuit. Les médecins
« militaires allemands me traitèrent avec
« humanité, me couchèrent sur un bon mate-
« las, en s'excusant de ne pouvoir faire mieux.
« Le lendemain ils amputaient à nouveau
« Jeannin qui faisait de la gangrène. Le pauvre
« garçon mourut dans la nuit à mes côtés, sans
« souffrance, ayant sur ses lèvres le nom de sa
« femme et de ses deux enfants. »

Le lieutenant Jeannin était le neveu par sa
mère de l'abbé Wetterlé, le célèbre champion
de France en Alsace-Lorraine. Ce vaillant officier qui, à Gomery, avait supporté sans anes-
thésie et en fumant une cigarette, la douloureuse amputation de son pied broyé au-dessus
de la cheville, par un éclat d'obus, avait été
blessé à la bataille d'Ethe en conduisant bril-
lamment au feu une section du 103e régiment
d'infanterie. Frappé dès le début de l'action,
sa seule préoccupation fut de savoir l'issue
du combat. A son commandant qui venait
s'enquérir de ses nouvelles, il pose anxieusement cette seule question. « Eh bien, mon
commandant, les avons-nous battus ? » Hélas !
il survécut assez pour connaître toutes les souffrances physiques et toutes les tortures mo-
rales [1].

Le soir, après le départ des Allemands, il

1. Le *Mémorial d'Aix*, dimanche 17 janvier 1915.

restait à peine 75 ou 80 blessés survivants sur
300 au moins qu'avait abrités le village. Les
troupes qui succédèrent à ce régiment d'incendiaires et de meurtriers ne continuèrent pas le
massacre, mais elles expulsèrent blessés et
habitants des maisons du village. Les infortunés durent passer cette nuit lugubre sous la
pluie qui ne cessa de tomber, soit au cimetière,
soit dans les champs du voisinage, sans abri,
sans pain et sans secours.

Le dernier épisode et un des plus poignants
des scènes sanglantes du poste de secours de
Gomery, se déroula dans la matinée du lundi
24 août.

Ce fut l'assassinat du médecin aide-major de
1ʳᵉ classe de réserve Maxence de Charrette de
la Contrie, neveu du héros de 1870, médecin
du groupe du 26ᵉ régiment d'artillerie.

Dès le début de la journée du 22 août, il
avait reçu deux balles, l'une aux reins, l'autre
à la jambe. Étendu dans un fossé, il répond
simplement à ceux qui viennent le relever.
« Non ! allez à mes hommes d'abord, moi
après ». C'est à la fin de la journée seulement
qu'il fut transporté dans une maison du village
de Gomery, en compagnie de trois autres
blessés. Pendant l'incendie du 23, il avait
trouvé asile dans une cave et failli succomber à
l'asphyxie; on m'annonça même dans la soirée
de ce jour qu'il avait péri dans les flammes. En

réalité, il quitta son refuge dans la matinée du 24 août et fut découvert et arrêté par une patrouille allemande. Conduit avec trois de ses compagnons devant un officier, et bien qu'il fût sans armes et se soutînt à peine, il fut accusé d'avoir tiré sur les troupes allemandes. Il proteste avec énergie ; l'officier se borne à lui dire : « A défaut de déclaration, vous serez tous fusillés ». Charrette comprend alors que son sort est décidé : on veut supprimer en lui un témoin notable et gênant des lâches assassinats de la veille ; il ne s'attarde pas davantage à plaider sa cause. Il s'adresse alors à l'officier bourreau qui l'accuse injustement, fait appel à ses sentiments de soldat et lui demande un court répit, le temps d'écrire quelques lignes à Mme de Charrette. L'Allemand permet et promet de remettre la lettre après la guerre, Maxence de Charrette la lui tend avec son portefeuille. Puis les soldats l'entraînent ; quelques instants après, sans autre jugement, les balles crépitent faisant quatre nouveaux martyrs.

Maxence de Charrette était né à Nantes le 27 octobre 1882 et avait fait ses études à Lyon[1].

Le docteur S..., quelques instants après le drame dont il fut témoin, passa près du corps de la glorieuse victime ; la moitié de la tête avait été fracassée. Le capitaine allemand vint

---

1. *L'Action française*, n° 65, 1er mars 1915.

à lui pour s'enquérir de la destination à donner au portefeuille qui contenait 450 francs.

« Vous avez tué un médecin » lui dit S…

« Il n'avait pas de brassard », riposta le capitaine.

Le fait est exact, le brassard avait été perdu au cours de la bataille. *Es ist Krieg* (c'est la guerre) fut le seul mot d'excuse de l'officier allemand.

Les massacres de Gomery resteront comme une tache ineffaçable, une véritable honte pour le 5ᵉ corps allemand, les 6ᵉ et 47ᵉ régiments d'infanterie poméraniens.

Ils ont été commis froidement, au lendemain de la bataille, alors que l'ennemi ne rencontrait plus aucune résistance. Les prétendus coups de feu tirés des ambulances pour justifier ces meurtres inqualifiables constituent le prétexte habituel, dont la fourberie allemande couvre ses atrocités, accomplies au mépris de toutes les conventions internationales et des lois de la civilisation la plus élémentaire. « *Man hat geschossen!* (On a tiré)!… »

Glorieuses victimes de Gomery, médecins héroïques, infortunés blessés, dormez en paix votre dernier sommeil. Votre sang n'aura pas été répandu en vain. Puisse le souvenir ému que je vous consacre vous susciter toute une phalange de vengeurs. Le sang des martyrs fait germer les héros !

Vers 17 heures, ce même dimanche 23 août, le calme paraissant revenu au château de G..., je cédai aux sollicitations de mon entourage; il restait dans une chambrette du 3ᵉ étage un lit muni d'un simple sommier, tous les matelas ayant été utilisés pour les blessés. Mlle Raphaëlle de G... voulut, à tout prix, m'y faire transporter. Harassé de fatigue, brisé d'émotions, considérant ma mission comme terminée, je pus enfin étendre ma jambe blessée d'une façon un peu plus confortable, grâce à un coussin placé sous mon genou. Le temps d'envoyer un souvenir aux miens et de rendre à Dieu une fervente action de grâces et je m'endormis d'un sommeil de plomb!

# CHAPITRE IV

ETHE SANGLANTE! ETHE MARTYRE!
(22-23 AOUT 1914.)

## I. — LE POSTE DE SECOURS
## DU 14ᵉ RÉGIMENT DE HUSSARDS

Le 22 août 1914, le 14ᵉ régiment de hussards qui avait cantonné à Chenois et à Saint-Mard (Luxembourg belge) s'ébranle au petit jour, dans la direction de Saint-Léger.

Après avoir traversé le village de la Tour, il dépasse les avant-postes du 103ᵉ régiment d'infanterie et continue sa route vers Ethe au milieu d'un brouillard extrêmement épais. On marche au pas; puis tout à coup les escadrons partent au trot, et enfin au galop, au commandement de « Chargez! », les hussards traversent à toute allure le village d'Ethe, à la poursuite d'un parti de cavaliers ennemis; puis, ils font halte derrière la gare; il est 5 heures du matin.

Le service médical[1] relève à hauteur de la gare quelques cavaliers dont les chevaux se sont abattus au tournant d'une rue, puis stationne, pendant que des reconnaissances explorent le terrain. Deux coups de feu partent; plusieurs balles, tirées à courte distance, annoncent le contact de l'ennemi.

A ce moment, 7 h. 30 environ, le capitaine Delafon, adjoint au colonel, donne l'ordre au médecin-major C... d'aller secourir un uhlan tombé sur la route, en tête du régiment. Le médecin aide-major L... part avec une voiture médicale et deux infirmiers, charge le cavalier allemand, dont une jambe était fracturée, et recueille également le maréchal des logis Devaux qui, tombé de cheval et atteint de fracture du crâne, avait été porté dans une maison bordant la route.

Le docteur L... revient avec ses blessés au moment même où le régiment se replie dans le village et s'y masse, tandis que l'infanterie du 103ᵉ cherche à se déployer en avant de la gare. Le gros du régiment s'abrite dans Ethe même; un escadron se dissimule derrière le pont du chemin de fer qui sépare les agglomérations contiguës d'Ethe et de Belmont.

Le médecin-major C..., placé derrière cet escadron, songe à panser les blessés qui gé-

---

1. Médecin-major de 2ᵉ classe C..., médecin-aide-major de 1ʳᵉ classe L....

missent dans la voiture; une maison aménagée en ambulance par les habitants se trouve à proximité : les deux blessés y sont transportés et le médecin-major C... après avoir pansé le maréchal des logis Devaux, réduit et immobilise la fracture de jambe du cavalier allemand.

Le combat s'engage sérieusement; les coups de feu partent nombreux et à courte distance. Le conducteur de la voiture, resté sur le seuil de la maison-ambulance, prévient que le régimant se porte en avant. On se dispose à charger les blessés dont le pansement est terminé. Un sous-officier infirmier part en avant, comme agent de liaison, mais quand il veut traverser le pont du chemin de fer que le régiment a franchi un instant auparavant, il est reçu par une grêle de balles. Par une fenêtre de la maison, on aperçoit, à 20 mètres environ, de nombreux fantassins allemands qui occupent le pont et se dissimulent derrière le remblai du chemin de fer; ils attaquent le village à revers. Impossible de sortir sans se jeter sous les balles; l'unique issue est bien gardée! Avec angoisse, le docteur C... se demande comment il pourra s'échapper. Heureusement les Allemands ne peuvent voir le groupe français, la voiture et les chevaux sont dissimulés dans une impasse conduisant à un garage d'automobiles. Il est 8 heures environ, la bataille fait rage, les mitrailleuses allemandes placées dans le cimetière et les jardins avoisinants, les canons dissimulés en arrière du village, tirent sans discontinuer. Les feux allemands et français se croisent. Du grenier de la maison, il est facile d'observer le champ de bataille; quelques fantassins français venant de la direction d'Ethe se présentent pour franchir le pont du chemin de fer; ils essuient un feu roulant et rebroussent chemin; le remblai du chemin de fer étant occupé, ces malheureux se trouvent acculés, et se cachent dans les maisons.

Tout-à-coup, le brouillard se dissipe; on aperçoit, derrière le village, de nombreuses colonnes d'infanterie allemande qui entrent en action. En avant du remblai du chemin de fer, vers 9 heures, des lignes de tirailleurs ennemis s'avancent en rampant. L'impression d'un cercle infranchissable se précise; essayer de sortir de la maison qui sert d'ambulance, c'est se faire fusiller à bout portant. Là se trouvent réunis, dans un commun péril, le docteur C..., médecin-major de 2ᵉ classe de l'armée active; le docteur L..., aide-major de 1ʳᵉ classe de réserve; le maréchal des logis Huet, sous-officier infirmier; les infirmiers Guérin et Léger; le conducteur de la voiture des blessés Boutruche; les cavaliers ordonnances Moulard et Fourmond, au total deux officiers, un sous-officier et cinq hommes.

Chacun épie, par une fenêtre ou par le toit

de la maison, le moment propice à une évasion ; cet espoir s'évanouit peu à peu ; l'action ne paraît pas tourner à l'avantage des nôtres.

La matinée s'écoule ; la situation demeure pareillement critique. Au début de l'après-midi, les Allemands commencent le pillage et l'incendie des maisons situées derrière le pont du chemin de fer et tirent sur les fenêtres. Le petit groupe du Service de santé se rend compte qu'il sera bientôt découvert ; l'espoir de voir respecter les blessés et son personnel lui reste seul désormais. Il est environ 13 heures, les fantassins allemands défoncent les portes à coups de crosse ; ils approchent ; les voilà ! La voiture et les chevaux leur sont une proie facile, ils s'en emparent, pénètrent dans la maison et envahissent la chambre des blessés où le Service de santé du 14ᵉ hussards est réuni. Revolver au poing, un sous-officier demande rageusement des explications ; le docteur C... peut heureusement lui répondre dans sa langue ; il explique qu'il vient de panser à la fois des blessés français et allemands. Après interrogatoire de ces derniers, la colère du *gefreite* semble se calmer : il s'empare des armes, puis sort entraînant avec lui le sous-officier et les infirmiers en disant aux médecins de continuer leurs soins sur place aux blessés qui affluent en grand nombre.

On se bat maintenant dans la rue ; les fantassins français, coupés de leurs unités, se défendent de leur mieux; à chaque instant, des Allemands blessés arrivent à l'ambulance. Deux médecins allemands les suivent, mais se contentent de regarder faire nos infortunés camarades. Vers 16 heures, l'ordre est donné d'évacuer la maison. On sort tous les blessés; les médecins allemands prennent les leurs et quelques-uns des nôtres. Le docteur C... est autorisé à étendre les plus graves sur des civières improvisées. Toutes les maisons brûlent; celle qu'on vient de quitter est à son tour livrée aux flammes. Le convoi se met en route escorté de fantassins allemands. MM. C... et L... portent eux-mêmes des blessés; ils traversent la rue principale du village transformée en fournaise; les toits s'effondrent à leurs pieds, les balles sifflent de tous côtés.

Péniblement on atteint les dernières maisons. Là, sur le bord de la route, la voiture légère pour blessés gît éventrée; le cheval a été pris! Un peu plus loin un peloton d'exécution, silencieux, sinistre, se dresse au milieu de la fumée qui se dissipe; face à ce groupe, au bas d'un petit talus qui borde la route, pantelants et enchevêtrés, une cinquantaine de cadavres. Ce sont des prisonniers français qu'on vient de fusiller. M. C... s'approche, en proie à une émotion profonde; il reconnaît à leur veste bleue, à leur brassard, ses malheureux petits infirmiers, victimes comme les autres. Un sous-officier achève à coups de revolver ceux qui remuent encore; il interpelle le convoi, fait poser les brancards, et commande en allemand de désigner tous deux des Français fusillés qui donnent signe de vie. M. C... se refuse à cette infâme besogne; il répond que sa mission est de soigner et non de tuer, et qu'il préfère plutôt la mort! Furieux, le sous-officier réitère son ordre et fait mine de tirer sur lui. Fort heureusement un officier arrive à ce moment critique. Mis au courant de la situation, il allègue pour excuse qu'il est conforme aux lois de la guerre de tuer sans merci tous ceux qui ont tiré sur des troupes. Il ajoute que la justice allemande ne connaît pas de quartier. On lui fait observer que, parmi ces hommes fusillés, se trouvent des infirmiers sans armes, faits prisonniers pour avoir voulu soigner des blessés allemands; que cette façon d'agir est absolument contraire aux lois de la guerre. L'officier hésite, pris de pitié, de remords peut-être, il donne l'ordre d'arrêter cette immonde exécution. On lui demande l'autorisation de relever ceux de ces malheureux qui ont échappé à la mort. Il l'accorde, répétant toutefois « qu'il serait préférable d'achever de suite les plus gravement atteints. » Ce dialogue se poursuit en allemand. Le docteur C... s'adresse ensuite aux pauvres fusillés et leur dit : « Debout!

ceux qui en sont capables. Allons ! du courage
mes enfants, vous partez avec nous »[1].

Spectacle navrant, inoubliable de voir ces
hommes miraculeusement échappés à la mort
se dégager lamentablement du monceau de
cadavres ! L'un d'eux, dont le nez est complètement détaché, est horrible à voir ; d'autres,
blessés aux jambes, supplient qu'on vienne les
prendre. On pouvait espérer tout au moins,
qu'il serait possible d'accéder plus tard à ce
désir, il n'en fut rien. Plusieurs de ces malheureux moururent sans doute, privés de tout
secours, à l'endroit même où l'ennemi les avait
lâchement fusillés.

Huit jours plus tard le cavalier Fourmond,
ordonnance de M. L..., parvint à rejoindre
son chef. La tête balafrée par une balle, il avait
perdu connaissance, puis revenu à lui dans la
nuit, s'était traîné dans une maison où, découvert plus tard, il fut évacué sur Virton.

Cependant le petit convoi français avait
repris sa route douloureuse, portant toujours
ses blessés, suivi d'une vingtaine d'hommes
qui, surgis d'un tas de cadavres, s'efforçaient
de marcher encore, en se prêtant un mutuel
appui.

On les arrête devant une ligne de tranchées

---

1. Pierre B..., soldat au 103ᵉ régiment d'infanterie, appartenait à cette infortunée cohorte. Il fut interné plus tard
au camp d'Oberdrüf.

allemandes pour procéder au triage ; les blessés légers sont entraînés à l'arrière, pendant que les médecins stationnent avec les cinq ou six blessés les plus graves. Ces malheureux gémissaient affreusement : pas un pansement, pas une goutte d'eau à leur donner. Une heure passe, puis deux, la nuit vient, et personne ne s'occupe de ces pauvres gens ! On leur improvise un semblant de lit avec de l'avoine arrachée dans un champ voisin. Deux sentinelles gardent le groupe infortuné : elles annoncent que la mort suivra de près toute tentative de fuite : « *Wenn sie fliehen, sind sie todt* ». Les médecins qui veulent s'approcher des blessés sont repoussés brutalement d'un guttural « *Weiter* » (au large) : on les fouille sans vergogne, ils sont dépouillés de leurs couteaux.

Le spectacle est navrant ! Ethe et Belmont flambent incendiés systématiquement, maison par maison ; des gémissements humains se mêlent aux cris d'animaux qui brûlent vivants dans les étables ; quelques malheureuses bêtes, le dos à moitié rongé par le feu, errent affolées autour du lugubre bivouac, éclairé par l'incendie.

La nuit s'avance. Les « *Wer da?* » et les réponses : « *Fünf und zwanzigste Regiment* » retentissent à tout instant ; c'est le 25ᵉ régiment d'infanterie qui occupe le terrain. Les sentinelles se relèvent toutes les deux heures ; leur garde finie, elles vont au village et reviennent ivres, leurs baïonnettes à dos en dents de scie, rouges de sang jusqu'à la garde. Elles les passent avec une joie sauvage sous les yeux des blessés! on les entend discuter sur le moyen de se débarrasser des officiers. Le docteur C... les interpelle dans leur langue, cherchant à éveiller dans leur cœur un sentiment d'humanité, il les décide à donner de l'eau et du sucre pour abreuver les blessés.

Le dimanche 23 août, au petit jour, les deux médecins sont conduits au général commandant le secteur : ils s'éloignent à regret des infortunés auprès desquels ils ont passé la plus affreuse des nuits. Conduits en arrière d'Ethe, dans la direction de Saint-Léger, ils y trouvent de nombreuses troupes d'infanterie, d'artillerie et de cavalerie. Au centre solidement encadré, bivouaque un groupe d'environ 150 prisonniers français captifs depuis la veille.

Confiés tout d'abord à un médecin allemand du nom de Wolff, appartenant au 45ᵉ régiment d'infanterie, nos collègues assistent au rassemblement; les soldats prêtent serment avant la bataille et poussent les « Hoch » et « Hurrah » réglementaires. Le général arrive à cheval, entouré de son état-major; des ordres sont donnés, puis tout à coup on fait lever les prisonniers français : le général prononce alors cette sanction sauvage, atroce dans le fond comme dans la forme!. « *Bis an dem letzen abgeschlagen* ». (Abattez-les jusqu'au dernier.)

Les malheureux s'avancent lentement, on les rassemble : les Allemands forment un demi-cercle autour d'eux. MM. C... et L... sont refoulés au sein de ce groupe infortuné. M. C... a compris l'arrêt sanguinaire, il en fait part à M. L.... Nos deux camarades se serrent la main et se recueillent, évoquant en cet instant suprême le souvenir de tous ceux qui leur sont chers; ils voient se dérouler, en un tableau rapide, toute leur existence!

Dans cet instant de tragique angoisse, avant de mourir en braves ils veulent tenter néanmoins une suprême démarche. En passant à la hauteur d'un des officiers d'état-major qui, la haine dans les yeux, les bras croisés, le torse cambré, regarde défiler les victimes, M. C... demande quel crime leur mérite le châtiment qui se prépare; il dit en paroles brèves dans quelles conditions ils ont été faits prisonniers uniquement pour avoir voulu soigner un ennemi blessé; il ajoute que la croix de Genève les couvre de son égide et devrait être leur sauvegarde en tout pays civilisé, conformément aux lois de la guerre et du droit des gens.

L'officier ébranlé provoque de nouveaux ordres; après quelques hésitations, il est décidé que les médecins seront conduits à Virton, distant de 5 kilomètres environ, pour y soigner les nombreux blessés français de la bataille de la veille; on les sait privés de tout secours. Des fantassins allemands se précipitent, appliquent brutalement sur leurs yeux un étroit bandeau, serré à l'excès ; puis on les met en route sous une escorte de soldats qui chargent ostensiblement leurs fusils et les accablent d'injures.

La même pensée vient à leur esprit troublé, c'est la conviction qu'on va les entraîner en un coin reculé pour les fusiller sans témoins. Après une demi-heure de marche le cortège arrive à un poste de secours allemand : *Verbandplatz*. Là se trouvent de nombreux officiers, des médecins sans doute, qui prétendent vérifier leur identité : « Sont-ils bien médecins? Qu'ils le démontrent ; le brassard n'est pas une preuve : tout le monde peut en avoir » Nos camarades font voir leurs attributs, demandent qu'on visite leurs papiers, qu'on les emploie à une besogne médicale quelconque. L'entretien dure une dizaine de minutes; puis remis en route, ils marchent encore un quart d'heure environ pour aboutir à la grande route où, brusquement, leur bandeau est supprimé ; ils sont absolument éblouis et incapables de se conduire ; depuis vingt-quatre heures ils n'ont pris aucune nourriture en dehors de quelques morceaux de navet cru ! Des avant-postes allemands, on leur indique la route de Virton, en leur disant qu'ils peuvent s'y rendre seuls et sans escorte; dans un sursaut d'énergie, ils s'engagent sur la route indiquée. A peine ont-ils franchi cinquante mètres qu'on les rappelle : des fusils sont braqués sur eux; il semble vraiment qu'on cherche un prétexte pour les abattre. Ils repartent une fois encore : ils sont à la merci de la première sentinelle qui, reconnaissant deux Français sur la route, ne manquera pas de tirer. Quelques centaines de mètres au delà, plusieurs balles sifflent à leurs oreilles sans les atteindre; en se défilant de leur mieux, ils continuent leur route au milieu de nombreux cadavres de cavaliers allemands qui gisent sur les bas côtés du chemin.

Nos deux braves camarades ont la chance inespérée de franchir, dans les lignes allemandes, les deux ou trois kilomètres qui les séparent de Virton, sans se heurter aux patrouilles et sans être atteints par les balles tirées des crêtes avoisinantes[1].

1. MM. C... et L..., après avoir séjournés à Virton où les Allemands utilisèrent largement leur dévouement et leur savoir, furent, le 17 janvier 1916, évacué sur le camp de F..., près Wesel, et enfin rapatriés au mois de juin.

## II. — LE POSTE DE SECOURS DE LA 1ʳᵉ COMPAGNIE
### DU 1ᵉʳ RÉGIMENT DU GÉNIE

La 1ʳᵉ compagnie du 1ᵉʳ régiment du génie, compagnie divisionnaire de la 7ᵉ division du 4ᵉ corps, avait cantonné, le 21 août, au village de la Tour, à 3 kilomètres au nord-est de Ruette.

Le 22 août au matin, elle marchait en tête d'avant-garde, ayant comme objectif Mussy-Saint-Léger. Au moment même où le village d'Ethe dépassé, elle atteignait un petit pont jeté au travers de la route elle est accueillie par des balles; les hommes reçoivent l'ordre de se coucher à terre; puis, le feu revêtant une certaine intensité, le détachement est replié contre le talus du chemin de fer, pendant que l'infanterie de la 14ᵉ brigade ouvre de la crête du talus, un feu très vif sur l'ennemi. Vers 9 heures, l'artillerie allemande commence à couvrir de ses salves les lisières des bois situés à l'ouest afin d'empêcher la 13ᵉ brigade de déboucher dans le vallon; les obus sifflent au-dessus des sapeurs bien abrités et éclatent à environ 400 ou 500 mètres au delà de leur ligne.

Vers la fin de la matinée, le bruit se répand que l'ennemi tourne la 7ᵉ division sur sa droite;

la compagnie du génie se replie sur les premières maisons du village d'Ethe ; des obus éclatent au-dessus d'elle, renversant quelques hommes et le médecin aide-major de 1re classe M..., attaché à la compagnie ; il s'en tire avec une légère écorchure au poignet ; à peine est-il engagé dans la grande rue du village, que des blessés abrités dans la première maison à droite de la route le hèlent : mais, laissons-lui la parole ?

« J'entre, dit le médecin aide-major de
« 1re classe M... ; et je trouve là des fantas-
« sins blessés et quelques sapeurs du 1er génie,
« parmi lesquels le sergent Frisson. Je fais des-
« cendre à la cave tous ces sapeurs par mes
« quatre infirmiers : Uze, Manno, Delestre et
« Castel, que j'avais retrouvés à l'entrée du
« village, et je procède à quelques pansements
« sommaires. Puis, voulant continuer ma
« route, je sors de la maison. La rue parais-
« sait déserte, mais on entendait siffler les
« balles ; l'une frappe mon bidon, une autre
« m'effleure l'épaule gauche, traversant ma tu-
« nique. Me rendant compte que le tir d'une
« mitrailleuse enfilait la route, je rentre dans
« la maison, puis ayant arboré le fanion de la
« Convention de Genève à une fenêtre du
« premier étage, je regagne l'abri de la cave.
« A ce moment les obus qui pleuvent sur le
« village défoncent le toit et effondrent le pre-
« mier étage, sans blesser personne. Le feu

« fait rage : c'est un vacarme d'enfer ! Il est
« absolument impossible de se risquer au de-
« hors, je me résigne à attendre patiemment
« la fin de ce violent bombardement.

« Vers dix-huit heures, un détachement
« allemand paraît sur la route. L'officier qui
« est en tête entre brusquement, revolver au
« poing. Lui montrant mon brassard, je dis
« en allemand : « Ne tirez pas, il n'y a ici que
« des blessés ». Il referme la porte et dispa-
« raît. Descendant dans la cave, je tranquillise
« mes hommes et par le soupirail, je vois le
« détachement s'engager dans le village encore
« occupé par quelques Français : des coups de
« feu partent des fenêtres; plusieurs alle-
« mands s'affaissent sur le sol. Un peu plus
« tard, je me glisse en rampant sur le pas de
« la porte, et je constate que la maison voisine
« de la nôtre est en flammes. Une fumée
« épaisse ne tarde pas à envahir la cave : le
« toit de la maison se met à flamber. Au de-
« dehors la fusillade a cessé, je fais sortir les
« hommes légèrement blessés et avec l'aide de
« mes infirmiers, je transporte les autres au
« rez-de-chaussée d'abord, et enfin au dehors.
« Quelques paysans, une femme avec son bébé
« viennent rallier notre groupe abrité contre
« le talus de la route, à quelques mètres des
« maisons en flammes, sous la protection du
« fanion de la Croix-Rouge. Mais voilà que de

« nouveau les balles sifflent; rampant jusqu'à
« la crête du talus, j'aperçois un détachement
« allemand qui avance en ligne déployée;
« abandonnant mes armes, je saisis le fanion
« et m'avance, suivi des blessés légers, au
« devant de la ligne ennemie, distante encore
« d'une cinquantaine de mètres. Le feu cesse
« aussitôt, bien que nous soyons mis en joue
« à diverses reprises; un officier nous accoste,
« me braque son revolver sous le nez, disant :
« Vous avez tiré de l'ambulance; vous serez
« fusillés ». Mes protestations énergiques ne
« paraissent pas le convaincre; il prend plaisir
« à compter les blessés du bout de son arme,
« puis nous intime l'ordre de le suivre vers
« le bois voisin. Les soldats, baïonnette au
« canon, poussent à coups de crosse les mal-
« heureux que leurs blessures retardent dans
« leur marche, ce qui me décide à faire porter
« par mes infirmiers les plus gravement
« atteints. Je charge sur mes propres épaules
« le sergent Frisson qui avait le pied traversé
« par une balle. A quelques pas de là, je croise
« un médecin allemand, je l'aborde; il est
« correct, fait arrêter notre petit convoi, et me
« prie de l'aider à panser de nombreux blessés
« français, qui gisaient, sans secours, sur le
« lieu du combat. Nous faisons des panse-
« ments jusqu'à la nuit.

« Je suis alors accosté à nouveau par l'offi-

« cier, qui déjà m'avait menacé de la fusillade.
« Par bonheur, j'aperçois un groupe d'officiers
« supérieurs vers lesquels je m'avance, et
« m'étant présenté, je demande à être dirigé,
« avec mes blessés, sur une ambulance alle-
« mande. Notre petit convoi part sous l'escorte
« de quatre soldats en armes, mais au bout
« d'un instant, l'ordre arrive d'arrêter les bles-
« sés, et malgré mes énergiques protestations,
« je dois seul continuer ma route.

« J'arrivai vers vingt et une heures à un
« feldlazareth, installé dans une grosse ferme :
« un grand nombre de blessés français et alle-
« mands y étaient réunis. Les trois médecins
« allemands me font bon accueil, et après un
« court conciliabule, mettent à ma disposition
« du matériel, grâce auquel je pus faire des
« pansements une partie de la nuit. Le di-
« manche, vers midi, nous fûmes rejoints par
« un convoi de blessés parmi lesquels se trou-
« vaient le capitaine P..., du 104ᵉ régiment
« d'infanterie et un lieutenant français, échap-
« pés au massacre de Gomery. Le lundi matin,
« on nous dirigea sur Arlon, siège d'une gare
« d'évacuation allemande ».

Le Dᵣ M... vit arriver plus tard, à Arlon,
le curé du village d'E..., et recueillit de lui le
récit des scènes de sauvagerie commises dans
ce village par le 50ᵉ régiment d'infanterie
allemande. Ce vénérable ecclésiastique avait

en sa possession le livret et les médailles appartenant au cavalier Hauteclocque, fils du vaillant lieutenant-colonel du 14ᵉ hussards, tué
non loin de son père, en cette journée glorieuse
et funèbre du 22 août[1].

## III. — LE POSTE DE SECOURS DU 2ᵉ BATAILLON DU 104ᵉ RÉGIMENT D'INFANTERIE

Le médecin aide-major de 2ᵉ classe de réserve
J..., affecté au 104ᵉ régiment d'infanterie, et
chargé d'assurer le service médical du 2ᵉ bataillon, raconte ainsi sa participation à la bataille
du 22 août 1914 :

« Nous avions cantonné à La Tour, avec la
« 1ʳᵉ compagnie du génie, et nous venions de
« dépasser le village d'Ethe, nous engageant
« sur la route d'Arlon, lorsque l'attaque se
« produisit. La route suit une vallée à peu
« près parallèle au ruisseau du Ton, affluent
« de la Semoise. L'ennemi, qui occupe les
« collines environnantes, exécute sur nous des

1. Interné à Ingolstadt (Bavière), le docteur M... y re-
trouva tout le personnel médical de la place de Longwy,
sauf le médecin-chef, le vénérable docteur Favier qui devait
être mon compagnon de captivité à Mannheim. Le medecin-
aide-major de 1ʳᵒ classe M... a été rapatrié le 12 décembre
1914; il a fait plus tard partie de la mission de Roumanie
(octobre 1916).

« feux convergents ; nos pertes sont immé-
« diates et importantes. Je m'efforce d'établir
« successivement plusieurs postes de secours,
« profitant des replis de terrain formés par les
« remblais de la route. Malheureusement la
« situation devient rapidement intenable, les
« brancardiers envoyés à la recherche des
« blessés ne reviennent pas ; je suis condamné
« à l'impuissance et j'essaie de rallier le village
« pour y établir un poste sanitaire plus stable.
« La voiture médicale du bataillon s'étant en-
« gagée sur la route, je ne l'ai plus revue ;
« quant à nous, médecins et infirmiers, expo-
« sés à un feu dont la violence redouble, nous
« en sommes réduits à entrer dans le lit même
« du ruisseau et réussissons à gagner ainsi les
« premières maisons du village d'Ethe. Cette
« traversée fut des plus pénibles. En arrivant
« au but, notre petit groupe était réduit aux
« deux médecins et à cinq ou six infirmiers et
« brancardiers. Nous rencontrons, à ce mo-
« ment, un groupe de cavaliers impassibles
« sous le feu : c'est le général de Trentinian et
« son état-major. Le médecin principal de
« 1ʳᵉ classe Simonin, médecin divisionnaire,
« est à ses côtés. Nous lui demandons des
« ordres ; il nous félicite d'avoir échappé à la
« mort et nous indique une maison voisine où
« fonctionne un poste de secours. Nous nous
« empressons vers cet asile de souffrance et

« nous y travaillons sans relâche. Vers trois
« heures de l'après midi, un officier nous pré-
« vient qu'il existe à l'autre extrémité du vil-
« lage, chez un notaire, un groupement de
« blessés qui réclame des médecins. Je confie
« alors les nôtres aux infirmiers, et je pars
« avec le médecin-auxiliaire B..... et l'infir-
« mier Hardy, étudiant en pharmacie, pour y
« organiser les soins. Nous avions à peine
« parcouru deux cents mètres que nous nous
« trouvons en présence d'une patrouille alle-
« mande. Elle fait feu sur nous, sans nous
« atteindre. Nous nous réfugions dans une
« maison voisine; il était temps. Des compa-
« gnies ennemies chargent, en poussant des
« cris gutturaux, vers le haut du village. Les
« habitants de la maison sont affolés par notre
« présence qui les compromet; nous sortons
« alors par une porte de derrière qui donne
« sur un jardin. Nous entendons des hourrahs
« accompagnant des charges à la baïonnette,
« et les balles sifflent à nos oreilles de toutes
« parts. Nous entrons à nouveau dans une
« maison pour y attendre une accalmie, mais
« aussitôt les Allemands occupent la rue.
« Nous sommes bloqués. La fusillade continue
« et se prolonge jusqu'à la nuit. Vers trois
« heures du matin, le calme est revenu ; nous
« sortons de notre abri. A ce moment, Fran-
« çais et Allemands s'étaient repliés chacun de

« leur côté. Quelques gradés ralliaient des
« soldats et les entraînaient sur la route de
« Gomery. Après une courte réflexion nous
« décidons, de concert avec le docteur B...,
« de rester au village, considérant notre pré-
« sence comme nécessaire, vu le grand nom-
« bre de blessés qu'on voit surgir ou amener
« de toutes parts.

« Nous groupons ces malheureux en cinq
« ou six points différents, notamment dans la
« maison d'école, à la gare, dans un café, et
« dans quelques maisons particulières. Les
« habitants nous aident à les soigner. Vers
« 7 heures du matin, le dimanche 23 août,
« les premières patrouilles ennemies se pré-
« sentent, puis le gros des troupes défile. Un
« officier supérieur nous fait sortir, m'ordonne
« de conserver dix hommes comme personnel
« sanitaire, et de lui remettre tous les autres
« soldats, valides ou blessés, susceptibles de
« marcher. Ils sont entraînés et fusillés à une
« cinquantaine de mètres de nous, sans motif
« ni jugement d'aucune sorte. A partir de ce
« moment, les scènes d'horreur se répètent
« dans tout le village; elles ont duré plusieurs
« jours. On fusille sans arrêt des soldats, des
« civils: femmes, enfants et vieillards. La plus
« grande partie du village est pillée et brûlée.
« Nous-mêmes, bien que médecins, subissons
« de constantes menaces, alors que nous vou-

« lons nous interposer. On nous entraîne à
« plusieurs reprises dans le but avoué de nous
« massacrer. Grâce à ma connaissance de la
« langue allemande, j'arrive à persuader à nos
« ennemis que, dans leur propre intérêt, ils
« doivent nous laisser la vie sauve pour soigner
« leurs blessés. Je réussis également à sauver
« nombre de personnes qui, sans mon inter-
« vention, auraient été fusillées.

« Durant ces jours de misère, nous avons
« dû nous ingénier de mille manières pour
« subvenir à l'alimentation, au logement et
« aux soins de nos blessés, d'un certain nom-
« bre de blessés allemands (une cinquantaine
« environ), et d'un groupe civil réfugié dans
« les greniers de l'école qui servait d'infirmerie.
« Nous avions pu trouver un peu de paille
« pour coucher les blessés ; les animaux qui
« erraient dans les rues furent sacrifiés et con-
« sommés. Enfin nous eûmes la bonne for-
« tune de trouver quelques paniers médicaux
« dans les voitures brisées et abandonnées sur
« le champ de bataille.

« Les habitants du Grand-Duché de Luxem-
« bourg, avec un zèle et un dévouement admi-
« rables, vinrent, à plusieurs reprises, nous
« porter secours. Ils évacuèrent nos blessés en
« automobile, et nous-mêmes avons été fina-
« lement conduits à Luxembourg. J'estime à
« six cents environ le nombre de blessés soi

« gnés à Ethe par notre groupe; une trentaine
« ont succombé avant leur évacuation[1]. »


## IV. — LA SOIRÉE DU 22 AOUT A ETHE

Que s'était-il passé dans Ethe le 22 au soir,
la bataille terminée? Je l'ai appris plus tard
par mon cycliste Boudard et par mon ordonnance Eugène Marié. De nombreux militaires
de la 14e brigade, les uns blessés, d'autres indemnes, étaient restés dans le village, plus ou
moins dissimulés dans diverses maisons. Ils
attendirent la nuit, craignant à chaque instant
d'être faits prisonniers. Les coups de feu cessèrent peu à peu, mais l'incendie allumé par
les obus ou les patrouilles allemandes dévorait
la moitié du village : un groupe formé des
cyclistes Boudard et Forceville et de plusieurs
ordonnances du quartier général de la division,
réussit à s'esquiver dans l'ombre, et guidés
par un paysan belge, ces braves garçons, après
avoir marché toute la nuit à travers bois, arrivèrent enfin en France, sans encombre, à
Villers-le-Rond.


1. MM. J..., B... et H... furent dans la suite dirigés sur
Trèves et utilisés à la Hornkaserne, transformée en lazaret,
le 6 décembre 1914 on les transfère à Burg près de Magde-
bourg, dans un camp de représailles, puis en février 1915
au camp de Sulzwedell (Saxe prussienne). Ils furent enfin
rapatriés par Constance le 16 juillet 1916.

Pendant cette même nuit, par des chemins divers, un grand nombre d'hommes de la 14ᵉ brigade réussirent à rejoindre, les uns Vezin, les autres Allondrelles, et rallièrent peu à peu leurs compagnies.

Dans l'après-midi du 22, ma jument *Irène* fut rencontrée dans les bois de Gomery par le Dʳ Fauroux, médecin aide-major du 3ᵉ bataillon du 103ᵉ régiment d'infanterie. Comme elle était harnachée et que mon nom était inscrit sur mon épée et sous mes sacoches, mon jeune camarade supposa que j'avais été tué et enfourcha la bête pour rejoindre. Plus tard, ayant appris que j'étais blessé et prisonnier, il renvoya la jument au quartier général de la division où elle devint la monture du chef d'état-major, le commandant Macker[1].

Mon harnachement et mon équipement furent remis à mon ordonnance, le cavalier du train Marié, qui me les rapporta au mois de janvier 1915[2]; mes cantines envoyées par le

---

1. Le commandant Macker fut nommé lieutenant-colonel au 92ᵉ régiment d'infanterie, vers la fin de novembre 1914. Il ne donna aucune nouvelle à ma famille et ne m'écrivit pas davantage. Il a trouvé une mort héroïque au cours de la bataille de Verdun, le 10 mars 1916, où la canne à la main, le cigare aux lèvres, il partit au pas, précédant ses hommes, à l'attaque du bois des Corbeaux; le feu d'une mitrailleuse le faucha en même temps que le commandant Arnauld et le lieutenant Rouchoux; il tomba glorieusement, face à l'ennemi, sans pousser un cri.

2. Mon ordonnance Marié fut, en 1915, versé au 35ᵉ régiment d'artillerie, où il fut gravement blessé dans la Somme.

sous-intendant divisionnaire Delpère de Cardeilhac, au dépôt du Mans, me parvinrent à Rennes en février 1915; un paquet contenant mon épée brisée et deux manteaux alla s'échouer au dépôt du 41ᵉ régiment d'infanterie, on ne sait trop pourquoi, et ne revint en ma possession que le 23 septembre 1916!...

## V. — LES MASSACRES DANS ETHE
### LE 23 AOUT 1914

Un certain nombre de blessés et de brancardiers passèrent la nuit dans les maisons et les caves du village. L'un d'eux, Marcel M..., facteur des télégraphes au bureau de la place de la Bourse, à Paris, engagé au début de la guerre au 104ᵉ régiment d'infanterie, nous a conservé l'histoire du martyre de cette infortuné bourgade.

Écoutons son récit[1], et qu'il se grave à jamais dans nos mémoires. C'est un des plus beaux exploits de la kultur germanique....

« Le 22 août, après une bataille terrible-
« ment meurtrière, nous étions demeurés à
« Ethe (Belgique) pour ramasser les blessés et
« ensevelir les morts. Aucun avis de retraite
« ne nous étant parvenu, nous nous établîmes,

1. Récit publié par le journal le *Temps* (17 février 1915).

« tant bien que mal en bivouac, dans ce village.
« Le 23, vers 9 heures du matin, une patrouille
« allemande y fit son apparition. Peu à peu,
« deux régiments au complet se trouvèrent
« réunis. Les officiers nous confirmèrent l'assu-
« rance donnée déjà par les hommes de la
« patrouille, qu'on ne toucherait pas aux mai-
« sons où flottait la Croix de Genève.

« Mais un peu plus tard, un troisième régi-
« ment vint rejoindre les deux premiers et,
« sous prétexte que des femmes avaient tiré
« sur eux — fait qui n'a pu être établi autre-
« ment que par leur affirmation — les officiers
« de ce nouveau corps décrétèrent l'incendie
« du village. On fit alors rassembler les soldats
« français dans la rue. Nous étions environ
« deux cents. L'ordre fut donné de lever les
« bras en l'air et de nous ranger en colonnes
« par quatre. Puis nous fûmes conduits dans
« une rue déserte, la baïonnette dans les reins.
« Nous marchions encore lorsque, sur un
« ordre bref de leurs officiers, les hommes de
« l'escorte nous fusillèrent à bout portant. Ces
« brutes avaient tiré au hasard, dans le tas. Il
« y eut plus de 20 morts. Pour ma part je n'eus
« qu'une éraflure faite par une balle qui tra-
« versa mon pantalon.

« Les blessés et ceux qui n'avaient pas été
« atteints furent ramenés sur la place. On y
« procéda à une manière de triage. Tous ceux

« qui étaient en état de marcher furent grou-
« pés et réunis à des civils, qu'on avait fait
« sortir des caves. Parmi ces civils on comp-
« tait de nombreux vieillards de soixante à
« soixante-quinze ans. Civils et militaires
« furent entraînés pêle-mêle dans un champ
« qui longeait une scierie. Soixante soldats alle-
« mands environ étaient alignés, en deux rangs,
« sur un des côtés du champ. A peine étions-
« nous engagés sur ce terrain qu'un feu de
« salve fut dirigé sur nous. Je m'étais jeté à
« terre avant la décharge, devinant aisément le
« sort qui nous attendait. Deux de mes cama-
« rades, frappés à mort, tombèrent sur moi et
« me couvrirent de leur corps. Leur sang ruis-
« selait sur ma tête. Après plusieurs salves
« de peloton, tirées en présence des femmes
« qu'on avait amenées derrière nous pour
« assister à l'exécution de leurs maris, les
« soldats se retirèrent Quelques-uns pourtant,
« restés en arrière, perçaient de leurs baïon-
« nettes les blessés qui remuaient encore. Un
« officier survint et fit cesser le carnage.

« Vers midi d'autres soldats parurent. Piéti-
« nant les morts entassés, ils cherchèrent à
« dégager les blessés. Bien que sentant sur
« moi leurs bottes et le poids de leur corps,
« je fis le mort. Vers vingt heures, des corvées
« munies de pelles et de pioches vinrent ense-
« velir les cadavres. On découvrit des hommes

« qui respiraient encore, ils furent transpor-
« tés jusqu'à l'ambulance installée dans la
« mairie. Je profitai du temps que prit ce
« transport pour me dégager et gagner la
« rivière qui coulait au bas du champ. Mes
« vêtements, mon visage étaient couverts de
« sang, ma veste était étoilée de fragments
« de cervelle. Je devais être effrayant. A la
« faveur de l'obscurité, je pus atteindre un
« bois de sapins, j'y restai caché la journée
« du lendemain.

« A partir de ce moment, je vécus dans les
« bois, ne m'aventurant au village qu'à la
« faveur de la nuit. Avec six camarades ren-
« contrés par hasard, nous dûmes pendant
« seize jours, nous contenter, pour toute nour-
« riture, de betteraves, de noisettes et de mûres.
« Nos habits militaires nous empêchaient
« de nous approcher des lieux habités. Enfin,
« à Allondrelles, il nous fut possible de re-
« vêtir des effets civils. Nos conditions de vie
« furent dès lors moins pénibles, car nous
« pouvions aller quêter des aliments dans les
« maisons habitées. Toutefois, il ne fallait pas
« songer à camper ailleurs que dans les bois.

« L'hiver vint : nous avions construit des
« abris. Ils avaient l'inconvénient de révéler
« notre présence, et périodiquement les troupes
« allemandes d'occupation organisaient des
« battues qui nous faisaient courir de nouveaux

« dangers. Dans les derniers temps, on nous fit
« donner la chasse par des chiens de berger.
« Il était grand temps pour nous d'atteindre
« la frontière hollandaise. Le 15 février, nous
« eûmes enfin le bonheur de la franchir. Les
« sentinelles nous avaient entendus, alors que
« nous cherchions à nous débrouiller dans les
« fils barbelés. Elles firent feu dans notre
« direction, mais sans aucun succès.

« Je pus heureusement échapper à leurs
« balles et arriver en territoire hollandais, les
« mains déchirées, les vêtements en lambeaux,
« dans un état pitoyable[1]. »

En résumé, la population civile d'Ethe fut
littéralement décimée par les Allemands :
321 habitants périrent sous les balles des fusils
ou des mitrailleuses. On eut la cruauté de leur
faire par avance creuser leurs tombes.

Les Allemands conservèrent de cette journée
d'Ethe une impression saisissante dont je pus
lire la description quelques semaines après,
dans un journal de Mannheim :

« Dans la nuit du 22 au 23 août, la bataille

---

1. Le Consul de France à Rotterdam rapatria ce brave
par la voie d'Angleterre. Il s'empressa de rejoindre son
dépôt à Argentan, au mois de février 1915.

« finie, raconte un officier, nous couchâmes
« dans les fossés de la route, de 2 à 4 heures du
« matin, avec les étoiles du ciel en guise de
« couvertures : il faisait réellement froid. Au
« petit jour, on reprit la marche en avant. Un
« des spectacles les plus lamentables que nous
« eûmes l'occasion de contempler fut celui de
« deux régiments français d'artillerie de cam-
« pagne alignés comme à la parade sur une
« route toute droite. Les canons étaient là en
« colonne de marche ; les chevaux, à raison de
« six devant chaque avant-train, gisaient morts
« et raidis comme frappés par la foudre : au-
« tour d'eux les soldats et les officiers. Vingt-
« huit canons et leurs avant-trains avaient été
« anéantis, broyés pêle-mêle, avec les servants
« et les gradés. Le drame se déroula en vingt
« minutes, ce qui démontre les terribles effets
« de nos obusiers de campagne aux distances
« rapprochées. Ce fait d'armes extraordinaire
« fut accompli par un certain capitaine Wil-
« helmi. Il avait surpris les Français et ouvert
« le feu à 300 mètres. Lui-même nous fit le
« récit de cette affaire, bien qu'il fût atteint
« d'un coup de feu dans la poitrine. Un officier
« français sérieusement blessé, par le fait d'une
« chute de cheval survenue la veille, nous
« raconta que la canonnade avait été terrible,
« qu'il y avait de quoi en perdre la tête :
« Jamais je n'oublierai ce spectacle. Sur deux

« kilomètres de long, des canons, des cadavres,
« hommes et chevaux, pêle-mêle entassés. »

J'ai dit plus haut combien j'avais été moi-même douloureusement et profondément impressionné quand, le 22 août à 14 heures avant la chevauchée qui faillit m'être fatale, j'avais longé cette funèbre théorie de morts glorieux à jamais endormis dans le riant vallon d'Ethe la Martyre[1].

Tel fut le combat de la 7e division : la 14e brigade et les éléments non endivisionnés en firent à peu près tous les frais. Le nom du lieutenant-colonel de Hautecloque et celui du général Felineau y resteront glorieusement attachés : l'un y perdit la vie, l'autre y sauva l'honneur de notre division. Tous y versèrent leur sang pour la France meurtrie, la Belgique violée. Seule l'Allemagne, foulant aux pieds toutes les lois humaines et divines, s'y couvrit d'une honte ineffaçable.

---

1. En réalité, le 3e groupe du 26e régiment d'artillerie de campagne était seul en cause, avec ses douze canons.

# CHAPITRE V

GOMERY. — LE FELD-LAZARETH N° 5
DU 5ᵉ ARMÉE-CORPS. (24-30 AOUT 1914).

*24 août.* — Une violente canonnade se fait
entendre dans la direction de Longwy. Malgré
un soleil radieux, je suis d'assez méchante
humeur. Mon mollet droit est chaud et très douloureux avec une coloration rosée qui m'inquiète, je dois avoir de la lymphangite profonde ou une phlébite qui se prépare.

On frappe à ma porte ? C'est un soldat du
102ᵉ nommé B... qui vient m'offrir ses services.
Il est d'origine algérienne et me raconte que,
s'étant foulé le pied le jour de la bataille, il
s'est réfugié à l'ambulance ; on lui a prêté un
brassard. Son air obséquieux ne me plaît qu'à
demi, il paraît décidé à s'embusquer.

A neuf heures, j'ai la grande satisfaction de
voir arriver l'aide-major D...; les Allemands

l'ont traîné de poste en poste avec les autres otages; de temps à autre, on les faisait mettre à genoux, leur annonçant qu'on allait les fusiller. La patrouille de uhlans qui les poussait devant elle, avec ordre de crier « France » au premier qui-vive, leur prodiguait les plus basses injures. Comme l'abbé Bauré marchait péniblement on lui criait : « Marche donc, pourceau » !

Dans la matinée tout un groupe d'habitants est réquisitionné pour assurer les ensevelissements. Aux hommes on répète : « Travaillez ! Travaillez ! nous vous fusillerons quand vous aurez fini »! Aux femmes : « Cochonnes, salopes; tout à l'heure nous ferons de vous de la chair à saucisses! »

D... a vu massacrer sous ses yeux des femmes et des enfants. Quelle horrible nuit! Il en est tout bouleversé et tombe de fatigue et de sommeil.

A tout instant, des patrouilles allemandes se présentent à la grille du château ou pénètrent dans la cour; les soldats réclament surtout du vin, du beurre et du sel qu'on n'ose leur refuser; le château possède une réserve de mille œufs, soigneusement dissimulés; de temps à autre, on en distribue quelques-uns pour détourner les soupçons.

L'entrée des patrouilles est bruyante et théâtrale; un officier marche en tête, revolver au poing; les hommes, le fusil en arrêt, la crosse sous l'aisselle, le canon en avant, bondissent au pas de course ; leur aspect est réellement militaire, leur tenue irréprochable. Ils n'ont qu'une explication à donner de leurs violences : « C'est la guerre (*es ist Krieg*) ». Ils ajoutent qu'ils ne la font pas pour leur plaisir, c'est nous qui la leur avons déclarée ! Ils affirment que les « rouge-culottes », c'est ainsi qu'ils appellent nos soldats d'infanterie, ne les empêcheront pas d'être à Paris dans dix jours.

Dans l'après-midi le baron de G..., profitant d'un instant de répit, fait enfouir dans un bosquet tous les fusils de chasse du château. Mlle Cécile est désolée de voir ainsi sacrifier son bel hammerless ! Le château de G... est une gentilhommière familiale où la chasse au faisan et au sanglier est la principale distraction du baron et de ses sœurs.

Vers 17 heures un grand brouhaha s'élève de la cour ; des cavaliers, des voitures s'arrêtent à la grille. On entend une grosse voix qui dit, avec un fort accent germanique et en martelant chaque syllabe : « Maintenant, vous pouvez être tranquilles ! »

C'est l'oberstabsarzt Zedler, médecin-chef du feld-lazareth n° 5 du 5ᵉ armée-corps qui nous apporte enfin le rameau d'olivier ! Il est accompagné de cinq collègues, dont l'un s'exprime couramment en français. Dès leur arrivée, ils montent au 3ᵉ étage pour me saluer ;

leur allure est d'une correction toute militaire; ils portent le casque à pointe; les plus jeunes sont figés derrière leur chef, sur un rang, dans une attitude raide et gourmée qui ne manque pas d'allure. Zedler s'informe, par l'intermédiaire de son interprète, de ma situation militaire, de la façon dont j'ai été blessé; il m'exprime ses regrets et m'annonce qu'il viendra le lendemain faire mon pansement. Il ajoute que son intention est d'évacuer le plus tôt possible tous les blessés transportables et de ne garder à G... que les blessés les plus graves des deux nations. La visite est courte, cérémonieuse, et se termine par un salut militaire.

Le feld-lazareth s'installe avec une merveilleuse rapidité, me dit un infirmier; de fortes enveloppes de paillasses, munies de six anses en tresse solide, sont bourrées de paille et reçoivent immédiatement les blessés les plus graves. Un porc de la ferme est saigné et sert à préparer le repas du soir; le travail se poursuit sans relâche au château et au village; un convoi de charrettes à ridelles s'organise et la première évacuation s'opère, sur Virton, entre trois heures et cinq heures du matin. L'Oberstabsarzt Zedler est décidément un homme actif et débrouillard; il a son personnel dans la main et sait s'en servir.

*25 août.* — Quelle mauvaise nuit! J'ai eu

de la fièvre, puis vers le matin de grandes sueurs ; je suis brisé !

La canonnade se fait entendre à une dizaine de kilomètres, semble-t-il. Que sont devenues nos troupes ? Aurons-nous la chance de voir se produire un retour offensif ?

Personne ne vient me voir. Depuis deux jours, j'ai vécu avec une tasse de café et une tartine de confitures apportées par l'étudiant Duflos. Décidément, je suis oublié dans ma tour !

Je rédige la lettre suivante, adressée au médecin-chef du Feld-Lazareth :

« Monsieur le Médecin-Chef,

« J'ai l'honneur de vous envoyer une note concernant nos personnes et notre situation.

« Nous vous serons très reconnaissants des secours que vous pourrez nous donner ; un même désir nous anime d'ailleurs, soulager les victimes infortunées de la guerre ; mais ma blessure m'empêche pour le moment de contribuer au fonctionnement du Feld-Lazareth que vous venez de constituer, je le regrette infiniment.

« Voici les noms et fonctions des médecins militaires ou de leurs auxiliaires *ici présents* :

« Blessé : professeur Simonin, du Val-de-Grâce, médecin principal de 1<sup>re</sup> classe, médecin divisionnaire de la 7<sup>e</sup> division (armée active).

« Non-blessés : 1° docteur D... (armée de réserve) médecin aide-major de 2ᵉ classe, officier *sous-lieutenant*, du 14ᵉ régiment de hussards.

« 2° M. Pierquin, médecin-auxiliaire du 101ᵉ régiment d'infanterie, grade de *sous-officier adjudant* : n'est pas encore docteur en médecine (armée de réserve), licencié ès-sciences, externe des hôpitaux de Paris.

« 3° M. Duflos, étudiant en médecine, externe des hôpitaux de Paris, infirmier au 102ᵉ régiment d'infanterie, *chirurgien-dentiste*, diplômé de la Faculté de Médecine de Paris.

« Ces différentes personnes sont régulièrement couvertes par la Convention de Genève.

« Je serais très désireux que ces renseignements soient communiqués au Général-Ober-Arzt de l'armée à laquelle vous appartenez, pour qu'il veuille bien régler notre situation.

« Veuillez agréer, Monsieur le Médecin-Chef, l'assurance de mes sentiments distingués.

Le Médecin Principal de 1ʳᵉ classe,<br>Médecin Divisionnaire :<br>J. Simonin.

Il est quinze heures, j'ai bien soif; si je pouvais avoir un peu d'eau ! Voilà que la fièvre me reprend ! Zedler n'est pas venu malgré sa promesse. Dieu, que j'ai chaud !

Un fantassin allemand ouvre ma porte, il a

9

une mine sympathique et éveillée, il me salue correctement : « Je m'appelle G..., dit-il, soldat au 52⁰ régiment d'infanterie, je suis alsacien-lorrain, votre ordonnance a été envoyée à l'ambulance de l'église; voici un beefteak et des pommes de terre avec un sac de biscuits de guerre ». Je lui demande une carafe d'eau qu'il m'apporte avec un verre de vin. Ah! le brave garçon; il m'apparaît comme un sauveur!

Il m'apprend qu'on n'a laissé au château qu'une soixantaine de blessés français, les plus graves; un chiffre à peu près égal de blessés allemands de même catégorie a remplacé les blessés moyens ou légers, rassemblés maintenant dans l'église, l'école et la mairie du village de Gomery.

Des corvées d'habitants ont procédé à l'inhumation des morts français. On évalue à 2500 hommes, les pertes de la 7⁰ division française, tant morts que blessés.

Toutes les dames du château, me dit-on, se sont réfugiées à la ferme voisine depuis l'arrivée de l'ambulance allemande.

Mais, on frappe encore? Cette fois, ce sont d'aimables apparitions bien inattendues; les trois aînées de la famille de G...; elles se sont enhardies à venir jusqu'à moi; j'occupe la chambre de l'une d'elles, Mlle Cécile, au 3ᵉ étage de la tourelle droite du château. Mlle Cécile est une chasseresse intrépide : mince, svelte, de beaux yeux noirs, pleins de feu, un profil de Diane, hardie et enjouée; elle fume cigarettes sur cigarettes, sans gêne ni pose. En France, on dirait qu'elle est élevée en garçon. Sa sœur Jeanne, brune et mince également, est plus timide. Enfin, je revois avec le plus vif plaisir l'aînée, Mlle Raphaëlle, un type classique de Flamande blonde, un peu forte avec des yeux bleus d'une vivacité et d'une douceur souriante inoubliables. Je suis réellement heureux de pouvoir lui dire enfin mon admiration pour le courage dont elle n'a cessé de donner des preuves au cours de cette terrible nuit du 22 au 23 août. Elle paraît ignorer qu'elle s'est montrée héroïque et se rappelle seulement qu'elle avait grand'peur pour les blessés, la ferme et le château! Jamais, je n'oublierai cette belle flamme de charité qui la poussait, seule et tremblante, devant les patrouilles pour conjurer les balles menaçantes. Touchante faiblesse! et sublime énergie tout à la fois!

Les visites se succèdent, c'est B... qui revient de l'église, puis le sergent L... qui me narre la fusillade immonde des femmes et des enfants du village d'Ethe.

C'est ensuite un sous-officier du corps sanitaire allemand, brun, la figure fraîche, soigneusement rasé, qui m'apporte une provision de biscuits de guerre dans le petit sac de toile blanche qui sert à leur distribution.

Enfin, à dix-sept heures, arrive l'Oberstabs-arzt Zedler, accompagné d'un de ses adjoints; je lui exprime mon étonnement des actes de barbarie qu'on vient de me conter! Il cherche à m'expliquer qu'au village de Gomery, on a dû fusiller des blessés parce qu'ils avaient tiré sur les troupes allemandes et qu'il en a été de même au village d'Ethe, dont les habitants tiraient dans le dos des vainqueurs! Zedler me fait une courte visite, il a été très occupé. Dans la soirée il m'envoie du thé et du café par un sous-officier.

*26 août.* — Nuit pénible, hantée de cauchemars! J'ai cru entendre le canon à diverses reprises. Je ne sais quelle position donner à ma jambe, elle est lourde comme du plomb. Je pense longuement à ma femme, à ma mère, à mes enfants? Comment les prévenir? Ni poste, ni télégraphe; c'est l'isolement complet! Je réfléchis que le chef d'état-major, le commandant Macker qui m'a laissé blessé, sur le bord de la route, aura sans doute prévenu le général, l'état-major du corps d'Armée et que le médecin-inspecteur Comte, ou le médecin-inspecteur Mignon, auront donné de mes nouvelles. La perspective d'une longue séparation me semble bien dure! Au lever du jour j'entends la voix du canon; elle est faible et lointaine; mais alors? C'est que notre armée bat décidément en retraite?

A huit heures, le sous-officier sanitaire m'apporte du café, il est souriant et empressé, j'en profite pour le prier d'installer, sur une chaise, ma vareuse dont je fais disposer les manches galonnées bien en vue, en face de la porte; mon képi, placé entre les manches, complète le reposoir : cela suffit, — ô prestige du grade! — pour mettre en fuite les ordonnances ou les infirmiers allemands qui fréquemment ouvrent ma porte sans frapper, en quête d'une razzia à faire dans une chambre qu'ils croient inoccupée.

B... vient me raconter que les blessés envoyés à Ruettes, samedi soir, ont été ramenés à Gomery en raison du défaut de vivres et de pansements.

On a également rapporté la cantine d'un sous-lieutenant, porte-drapeau au 104ᵉ régiment d'infanterie, M. Gillet; les sous-officiers allemands sont en train de la piller; cet officier doit être mort; B... sort de sa musette une chemise, un caleçon, une ceinture de flanelle, deux mouchoirs et une paire de chaussettes, puis, ô surprise, une brochure verte que je connais bien! C'est une conférence sur le Service de Santé en campagne que j'avais faite à l'École de guerre, au mois de janvier dernier; j'y trouve une lettre de Mme Gillet, elle parle de sa fillette, la petite Michelle, qui attend tou-

jours son papa. Pauvre enfant! Pauvre femme!
Je crains bien que jamais il ne revienne frapper
à votre porte! Je prends l'adresse avec soin.
Quel douloureux message pour le retour[1]!

Duflos m'amène ensuite un jeune infirmier
régimentaire du 26ᵉ régiment d'artillerie
nommé Féron. Au combat d'Ethe, ce pauvre
garçon a été frappé d'une balle qui a fait un
long séton au travers de la paroi abdominale.
Sa famille habite Flers-de-l'Orne, il est étudiant en médecine à neuf inscriptions; externe
des hôpitaux, il a fait du service chez Letulle
et Tuffier. Le poste de secours de Gomery
compte encore 14 infirmiers ou brancardiers
français; cent quatre-vingt blessés ont été évacués sur Arlon dans la journée.

Vers onze heures, malgré la pluie, je reçois
la visite d'un médecin divisionnaire allemand
du XIᵉ Corps. Il est grand, maigre, osseux, sa
moustache blonde est relevée en crocs, à la
Kaiser. Il me dit en français : « Je regrette que
vous soyez blessé. Avez-vous de la fièvre? » Sa

1. Le sous-lieutenant Gillet n'était pas mort. A mon arrivée à Paris, je le trouvai convalescent dans sa famille. Le
22 août au matin, il était malade à l'ambulance nᵒ 1 à
Ruette. Vers 9 heures, les obus allemands commençant à
pleuvoir sur le village, les formations sanitaires firent pré-
cipitamment demi-tour sur la route de Grandcour-Malmai-
son. Dans la hâte de ce mouvement, des bagages furent
abandonnés, parmi eux se trouvait la cantine du sous-lieutenant Gillet, auquel j'eus le plaisir de restituer les quelques
objets de lingerie lui appartenant qui m'avaient été d'un
grand secours, dans mon absolu dénuement.

visite est courte, un peu froide, mais en somme courtoise; les quatre assistants qui l'accompagnaient sont restés debout derrière lui, raides et impassibles.

La baronne de G... et trois de ses filles lui succèdent dans mon pigeonnier, mais demeurent quelques instants seulement. Elles sont un peu rassurées, rien n'a été pillé dans le château, ni dans la ferme, toutefois elles ont dû abandonner les clefs du cellier des vins fins.

Vers quatorze heures, un soldat m'apporte une écuelle contenant une soupe grossière faite avec de la viande de conserve, des carottes et des pommes de terre. C'est un brouet graisseux, à relent de saindoux, auquel je touche à peine, car je suis au début d'un accès de fièvre. Je soupçonne fort mon gaillard d'avoir gardé pour lui mon déjeuner auquel il aura substitué le sien.

A dix-sept heures, Zedler me tire de ma somnolence; il a l'air pressé, il défait mon pansement. Les lambeaux déchirés de l'orifice de sortie sont tuméfiés, éversés et recouverts d'une couche de pus saigneux; le condyle est très douloureux, le cul-de-sac sous-tricipital tendu, le mollet gonflé et chaud jusqu'à la cheville, toute la jambe est le siège d'une ecchymose violacée ou jaunâtre. Zedler fait un nettoyage soigneux à l'alcool iodé, tâte toute la région, hoche la tête plusieurs fois, et répète :

« Condyle! Condyle! *Noli me tangere!* » puis il me fait un pansement sec à la gaze et, à l'aide d'un coussin, relève la partie inférieure de la jambe; il me recommande la plus grande immobilité.

Vers vingt-deux heures, j'ai un gros accès de fièvre avec des frissons. Je souffre dans toute la jambe; mon imagination travaille. Je me vois déjà amputé, mutilé. Je passe quelques heures bien pénibles; je maudis mon sommier sans matelas, dont les ressorts me blessent douloureusement les reins. Je ne sais quelle position prendre. Il pleut à torrents au dehors. Triste, triste nuit! Je crois toujours entendre la canonnade? Cela devient pénible et obsédant.

*27 août.* — Le temps est sombre, il pleut! Je songe que la dernière lettre reçue de ma femme est du 9 août; de mon côté je lui ai écrit de Dombras le 20 août, ainsi qu'à ma mère. Alors elles ne sont pas inquiètes, celà me console un peu. Comment faire pour correspondre? Je réfléchis tout à coup que j'ai deux bons amis à Genève, pays neutre, les professeurs Ladame et Bard! Quelle heureuse inspiration! Je vais écrire à Ladame, professeur de médecine légale, auquel j'ai été présenté dans plusieurs congrès; Bard est peut-être en France en ce moment. Oui, je vais écrire à Ladame; j'ai encore une moitié de carte postale cela suffira. Vite mon stylo, cadeau de mes chers enfants! Heureusement je ne l'ai pas perdu dans la bataille.

*28 août 1914*, château de G... (Belgique).

« Le professeur Simonin, du Val-de-Grâce, blessé au combat de E... (balle dans le genou droit, rien de grave) sera infiniment reconnaissant au professeur Ladame de bien vouloir adresser une carte à Mme Simonin en France, à Saint-Quay-Portrieux (Côtes-du-Nord), villa La Banche, pour lui faire savoir que son mari est très bien soigné par des confrères allemands du Feld-Lazareth R. N° 5, et par d'aimables châtelaines. — Combat de 7 heures avec de grosses pertes : armes et bagages disparus, mais honneur intact. — Patience! Espoir! Tendresses infinies à ma chère femme, à mes petits enfants chéris! Remercions Dieu! »

Voilà qui est fait. J'ai le cœur plus léger. Justement le sous-officier sanitaire m'apporte une tasse de café et des biscuits de guerre. Je le prie de faire monter l'inspecteur du feld-lazareth qui joue le rôle d'officier gestionnaire dans les formations sanitaires allemandes; il est marié et père de famille. Je lui explique mon vif désir de rassurer les miens; il me promet de confier le précieux papier à la feld-poste, mais

il n'ose m'affirmer qu'il arrivera à destination.
Cependant la carte est ouverte, adressée à un
Suisse, à un Herr professor! Enfin, la voilà
partie! que Dieu la conduise[1]!

Dans la matinée, Mlle Cécile de G... vient
me tenir compagnie pendant une heure. Les
blessés qui occupent à Gomery l'église, l'école
et une grange sont un peu négligés et rarement
pansés, me dit-elle, on ne s'occupe réellement
que de ceux du château; ce sont d'ailleurs
les plus graves. Parmi eux se trouve un dragon
de l'escorte, du nom de Mahé, blessé à la
cuisse. Mlle Cécile m'a apporté de l'eau
bouillie; on craint, en effet, que les cadavres
ensevelis au voisinage des conduites n'aient
altéré l'eau de boisson.

1. La Providence, aidée de l'excellent docteur Ladame, a
en effet conduit ce pauvre petit papier jusqu'en Bretagne,
jusqu'aux miens! Depuis trois longues journées on me
considérait comme perdu : le Ministère de la Guerre faisait
connaître par lettre du 10 septembre que j'avais été vu blessé
dans un château de Belgique, mais qu'on avait définitivement perdu ma trace! De mauvais bruits couraient le front
à mon sujet et avaient gagné Paris; un sergent affirmait
ma mort; j'avais été fusillé, achevé à coups de crosse. Il
avait vu mon ambulance livrée aux flammes. Ma carte parvint à Saint-Quay alors qu'une angoisse inexprimable étrei-
gnait le cœur de tous les miens.

Dans la soirée l'inspecteur du lazareth m'apprend que B... a été pris en flagrant délit de vol, au détriment de ses camarades français blessés; il prenait leur argent et leur montre, me dit-il, sous prétexte de me les confier afin de les soustraire aux Allemands. Il m'avait, en effet, remis deux sommes assez rondes ayant appartenu à des hommes décédés en me priant de les garder pour les remettre plus tard à leur famille; on a trouvé dans ses poches de nombreux porte-monnaie dont il s'était bien gardé de me parler.

L'inspecteur me fit remettre, un instant après, par le jeune Alsacien-lorrain G..., une tasse de café au lait, deux œufs, du chocolat et des gaufrettes, et enfin le registre du vaguemestre de la compagnie divisionnaire du génie, un nommé Chauveau, document trouvé dans la cour et qu'il ne jugeait d'aucune utilité; comme il était à peu près neuf, il me servit à écrire mes impressions de captivité[1].

Dans la nuit j'entends rouler de nombreuses voitures; ce sont des canons et des convois de munitions. Hélas! le torrent dévastateur est en marche vers la France! Je ne dors pas, alors j'essaie de lire un roman que m'a prêté Mlle Cécile, il a pour titre : « A l'ombre chaude de l'Islam »; c'est la collaboration de deux auteurs dont une femme : Isabelle Eberhardt et Victor Barracand.

*28 août.* — Le soleil m'éveille; un gros bourdon vrombit dans la chambre, son nid est au coin de la fenêtre; les hirondelles se poursuivent avec des cris joyeux, on n'entend plus ni canon, ni fusillade. Il semble que le spectre de la guerre s'est évanoui; mon rêve m'emporte vers la plage bretonne où mes enfants jouent, sans doute, avec cette belle insouciance de leur

---

1. La famille de Chauveau habitait Versailles; son père vint me voir au mois de janvier au Ministère de la Guerre, ayant appris que son fils, blessé à la cheville à la bataille d'Ethe, avait été recueilli par l'ambulance du château de G...... Malheureusement, je ne pus lui donner aucune nouvelle de ce fils, disparu depuis six mois.

âge : ma pensée va vers eux et la leur? Ont-ils quelque pressentiment? pas encore, je le souhaite.

G... m'apporte à déjeuner : un œuf mollet et du jambon cru entre deux tranches de pain bis, soigneusement garnies d'une couche de saindoux, puis du café.

Mlles Cécile et Antonia de G... viennent me tenir compagnie, mais je suis d'humeur morose et je leur reproche de lire des romans aussi passionnés que celui qu'elles m'ont prêté la veille.                          Je me demande un peu pourquoi je les sermonne ? C'est de l'égoïsme tout pur; elles ont fait tort à mon idéal! Alors je m'embarque dans des considérations à perte de vue sur l'instinct, la vertu, la lutte contre soi-même, etc.... Enfin, je les ai tellement effarouchées qu'elles ont fui mes beaux sermons et que je n'ai pas vu Mlle Cécile pendant deux jours! Elles m'ont pris sans doute pour un farouche janséniste et non point pour un galant paladin !

Vers seize heures on forme un convoi de blessés sur Arlon ; les paysans des Ardennes, ont amené de longues charrettes garnies de paille, ils racontent que le général d'Amade approche de Berlin et va opérer sa jonction avec l'armée russe!... C'est trop beau, ce rêve d'un succès aussi foudroyant ! Le sergent Lefebvre, les infirmiers Duflos, Feron, Cheux (du 14ᵉ hussards) désignés pour accompagner l'évacuation, sont réellement émus en me faisant leurs adieux. Pauvres garçons, c'est l'exil qui commence !

Sitôt le convoi parti, à la nuit tombante, je vois arriver l'oberstabsarzt Zedler avec deux sous-officiers sanitaires, portant tout le matériel nécessaire à la confection d'un appareil plâtré. Mon confrère procède d'abord à un pansement léger de mes plaies, il entoure le membre d'une mince couche de coton, puis d'une bande de gaze et constitue à l'aide de bandes plâtrées un manchon continu qui du pied aboutit un peu au-dessous du pli de l'aine. Il consolide l'extérieur par une application copieuse de plâtre gâché qu'il lisse soigneusement à l'aide de ses grosses mains et dépose ma jambe sur un long coussin de balle d'avoine. Il y a six jours que j'ai été blessé et je n'ai plus de fièvre depuis 48 heures.

Une heure après G... m'apporte un beefteack, des pommes de terre et de la compote de poires, mais je n'ai pas d'appétit ; je suis horriblement gêné par mon appareil qui m'oblige à une immobilité complète et me comprime d'une façon douloureuse la rotule et la partie postérieure de la racine de la cuisse. Zedler a eu cependant la précaution de mettre mon genou en légère flexion, ce qui m'aide un peu à supporter l'immobilisation. C'est encore une

mauvaise nuit à passer, après quelques autres !
Je m'endors cependant vers deux heures du
matin, avec l'espoir que mon plâtre en séchant
diminuera de volume et ne m'imposera plus le
supplice du brodequin !

*29 août.* — C'est d'abord un brouillard épais
auquel succède un peu de soleil ! Je suis tout
ragaillardi et m'accommode déjà de mon appareil qui a le grand avantage d'avoir supprimé
toute douleur, aussi bien du genou que du
mollet. J'imagine déjà le plaisir que j'aurai à
pouvoir me lever et cependant huit jours seulement se sont écoulés depuis ma blessure !
Comme l'inaction me pèse, surtout quand je
pense combien je pourrais être utile si je n'étais
pas claquemuré dans ce pigeonnier. Ma chambrette, près du ciel, a l'inconvénient de m'iso-
ler, au point qu'on ne songe guère à m'apporter à manger qu'une fois par jour. Pour
tromper ma faim je me plonge dans la lecture
de la *Vie de Louise d'Esparbès*, comtesse de
Polastron, maîtresse du comte d'Artois, par le
vicomte de Reiset ; puis je feuillette *Joies païen-
nes, tristesses chrétiennes* de Hénusse ; mais les
livres me tombent vite des mains, et je pense
aux miens, longuement, longuement !
Le bruit d'un moteur d'aéroplane me tire de
ma songerie. C'est l'heure de ces vilains oiseaux !
Qu'a-t-il vu celui-là ? Il vient sans doute des

Hauts-de-Meuse? Où sont les nôtres? Pourquoi n'entend-on plus le canon[1]?

On m'apporte de la part de Mlle Cécile l'album des hôtes du château; je le feuillette et j'y inscris ce quatrain qui peint mon état d'âme :

> Un jour de fête,
> Un jour de deuil;
> La vie est faite
> En un clin d'œil!

et j'ajoute : « Merci aux aimables et compatissantes châtelaines qui ont essayé d'éclairer le jour de deuil du chaud rayon de leur réconfortante sympathie! »

D... vient me voir; il a rédigé un certificat d'origine de ma blessure : « Perforation antéro-postérieure de la partie latérale de l'articulation du genou droit, par balle ayant traversé le condyle externe fémoral, du creux poplité au bord externe de la rotule ».

Sur ces entrefaites je reçois la visite de toute la famille de G...; le baron Constantin me narre le récit des fusillades auxquelles il a dû assister dans les nuits du 22 au 23 août. C'est un cauchemar vécu, qui paraîtrait invraisemblable s'il n'avait eu des témoins oculaires. Les

---

1. Je l'ai su plus tard; c'est que l'héroïque place de Longwy avait succombé, et que l'armée française était déjà dans l'Argonne, en pleine retraite!

habitants de Gomery ont été expulsés de leur village pendant trois jours, contraints de camper sous la pluie, dans les bois, presque sans vêtements ni aliments ; ils venaient implorer un peu de pain et d'eau à la ferme du château ; on leur a donné les capotes des soldats morts. Il y avait là de pauvres femmes qui allaitaient leurs enfants ! des vieillards infirmes ! Rien n'a pu toucher le cœur de leurs bourreaux !

Vers dix-sept heures, une automobile confortable amène le directeur du Service de Santé du corps d'armée. Il a la carrure d'un athlète, un facies rubicond, un œil noir très vif, il s'exprime en français correctement et s'enquiert, avec une sorte d'anxiété, des circonstances dans lesquelles j'ai reçu ma blessure. Il m'annonce que le lazareth où je suis va se disloquer et me demande si je veux être évacué en Allemagne par Arlon où la voie ferrée est rétablie, ou si j'aime mieux aller au Kriegs-Lazareth installé à Bleid, village belge peu éloigné de la frontière française. J'opine pour Bleid, escomptant toujours un retour offensif et libérateur de nos troupes. Le directeur me quitte en m'annonçant qu'une automobile sanitaire viendra me prendre lundi matin.

Mon petit alsacien-lorrain G... m'apporte enfin un repas ! Il me confie qu'il veut déserter et gagner la France ; il me demande un certificat constatant qu'il m'a bien soigné. Dois-je me fier à lui? Je ne sais. Enfin je lui délivre l'attestation désirée. Il prétend que tout le 5e corps allemand a reçu l'ordre de faire demi-tour pour gagner au plus vite, par voie ferrée, la frontière allemande très menacée par les Russes. De nombreuses troupes reviennent de la frontière française, elles ont l'air harassées, paraît-il.

Le soir, les médecins du Feld-Lazareth n° 5 ont invité à dîner D... et Pierquin; on a servi du Samos avec le potage, et du champagne le reste du dîner. Le cellier de G... subit un rude assaut! Mes camarades se retirent de bonne heure, car la joie bruyante de nos collègues allemands leur serre le cœur. La nuit est chaude et étoilée, le sommeil ne vient pas; le personnel de l'ambulance se livre à des considérations tactiques sur la guerre; les bouchons de champagne ponctuent, de temps à autre, la discussion qui se prolonge fort avant dans la nuit, au grand détriment des blessés qui ne peuvent dormir.

*30 Août.* — Dès le matin, j'entends le brouhaha d'un convoi d'évacuation qui s'organise. Un infirmier d'infanterie, instituteur modeste et dévoué, un de mes porteurs de la journée lugubre du 23, m'apporte du pain, de la viande froide, du café au lait; il est accompagné d'un brancardier du 27e régiment d'artillerie, nommé Nicod, originaire de Vitry-sur-

Seine. Collé au mur du cimetière de Gomery,
le 23 août, Nicod a eu le bon esprit de se laisser
tomber avant toute décharge; confondu dans
le tas des cadavres, il a rampé quelques heures
plus tard jusqu'à une maison voisine : là, dans
une cave, il a passé vingt heures avec des blessés, parmi lesquels se trouvait le médecin aide-
major S.... Je lui confie mon unique chemise, une belle chemise en cellular pour la
savonner. Mlle Cécile m'apporte une musette
de soldat qui me servira de sac de voyage.

D... et Pierquin m'annoncent qu'ils doivent
partir avec moi pour le Kriegs-Lazareth de
Bleid. Nos collègues allemands leur ont affirmé
que nous serions tous échangés aux avant-
postes avec des médecins militaires allemands
prisonniers sur le territoire français.

Tout à coup, à midi, au moment où j'allais
déjeuner, j'entends des pas lourds résonner
dans l'escalier. Zedler apparaît avec deux sous-
officiers sanitaires. Il vient, en hâte, faire une
fenêtre dans mon appareil plâtré et panser ma
blessure. Il faut que je parte tout de suite :
l'automobile est en bas qui m'attend. Quelle
surprise! Et ma chemise!!! Il faut partir sans
chemise!!! On m'habille, on me transporte.
En bas, sur le perron, toute la famille de
G... est réunie, même la baronne-mère et le
chapelain, l'abbé Bauré. En quelques mots
émus, je leur dis toute ma gratitude pour nos

malheureux blessés; je renouvelle à Mlle Raphaëlle mes sentiments de respectueuse admiration pour sa superbe et vaillante attitude de la nuit du 22. Mes collègues allemands sont tous là, corrects et impassibles. Je serre la main de Zedler qui vient à moi. On me hisse, avec précaution, sur le plancher de l'auto sanitaire; on a eu l'aimable attention de ne placer aucun blessé au-dessus de ma tête. On démarre, j'agite une dernière fois mon képi vers ceux qui demeurent et bientôt le château de G..., première étape de ma captivité, disparaît à l'horizon.

Au dernier moment, deux soldats ont sauté sur le marchepied de l'auto; c'est G..., le petit alsacien-lorrain qui veut m'accompagner jusqu'à Bleid, puis un infirmier régimentaire du 26e d'artillerie, nommé Lucas, que D... a eu l'heureuse inspiration de faire passer pour mon ordonnance : il devait être le fidèle et dévoué compagnon de ma captivité jusqu'au jour béni de ma rentrée en France.

# CHAPITRE VI



*3o Août*. — Vers 14 heures 3o notre convoi
pénètre dans le village de Bleid : l'auto sanitaire s'arrête le long du parc du château de
P... et y stationne assez longuement, en
attendant qu'on décharge la tête du convoi.

Une paysanne âgée accompagnée d'une
fillette, va d'une voiture à l'autre avec un seau
de lait et nous désaltère, sans vouloir accepter
aucune rétribution.

Enfin, nous pénétrons dans l'enclos ; la voiture contourne une belle pelouse, des corbeilles
d'ignas et de roses s'y épanouissent dans la
verdure.

Le médecin-chef du lazareth vient à moi ; il
parle français lentement mais correctement ;
il s'informe amicalement de la manière dont

j’ai supporté le voyage; des infirmiers allemands âgés s’approchent, m’offrent des prunes
reine-claude, puis me chargent avec beaucoup
de précautions. Nous pénétrons dans le château, j’aperçois sur le perron une dame mise
d’une façon simple mais élégante : un coquet
chapeau de paille garni de roses, bien posé sur
une chevelure brune, une taille svelte, cerclée
d’un ruban noir. J’ai à peine le temps de deviner la maîtresse de la maison et de la saluer,
que par un escalier tournant on fait pénétrer
mon brancard dans une fort belle et très spa-
cieuse chambre du premier étage. C’est l’Oberstabsartz lui-même qui dirige cette manœuvre
assez délicate et fort bien exécutée. Me voilà
déposé dans un vaste lit Louis XVI à balda-
quin; les tentures sont gris perle, les rideaux
bleu-clair. Mon arrivée met en fuite une série
d’infirmières de la Croix-Rouge allemande,
leur dortoir était installé dans cette pièce.
Elles ramassent hâtivement leurs objets de
toilette, des infirmiers emportent leurs paillasses. Ces demoiselles n’ont pas l’air satisfait
de se voir expulsées de leur jolie chambre.
A peine suis-je installé qu’on amène, sur
un brancard, un lieutenant de réserve du
101e régiment d’infanterie, il est relégué dans
un cabinet de toilette assez vaste, mais peu aéré,
contigu à ma chambre. Son mollet gauche a
été complètement enlevé par un éclat d’obus,

le 22 août, vers midi, au moment où sa compagnie se déployait pour l'attaque.

Notre évacuation s'est réellement bien effectuée; le matériel sanitaire allemand est confortable et pratique : tout est métallique dans l'auto sanitaire, les tiges des brancards sont constituées par des tubes d'acier qui reposent sur des ressorts, les pieds glissent dans des gouttières étroites; des rideaux en toile, mobiles à volonté, garnissent les parois latérales; un marche-pied mobile favorise le chargement et le déchargement qui s'opère par le fond de l'auto comme dans nos voitures d'ambulances.

Lucas vient me rejoindre et range mes effets; il s'aperçoit à ce moment, que nos deux sacs de biscuits de guerre déposés sur la table en arrivant, nous ont été subtilisés par nos charitables brancardiers. Mon brave « Dienst » en est navré, mais se console rapidement, car le docteur Prigel (c'est le nom du médecin-chef de l'ambulance) vient annoncer qu'on servira régulièrement nos repas à huit heures du matin, à 12 heures et à 18 h. 30.

A 16 heures nous voyons arriver le docteur D... et le médecin auxiliaire Pierquin. Ils partageront notre captivité et notre chambre, désormais transformée chaque soir en camping français par l'apport de paillasses d'ambulance confortablement rembourrées. D... et Pierquin ont été priés de prendre leurs repas avec le personnel médical de l'ambulance et les infirmières de la Croix-Rouge. Lucas servira de valet de chambre pour le lieutenant Prost et moi-même.

Sur ma demande instante le lieutenant Prost est transféré dans ma chambre, sur une grande chaise-longue qui fait vis-à-vis à mon lit ; nous pourrons ainsi causer à volonté. Il me raconte qu'il est marié, père de deux jeunes enfants et dirige une teinturerie de soie à Paris ; son beau-père M. Gazier, professeur à la Faculté des Lettres, habite Paris tout près de mon propre domicile.

D... nous apprend que nous sommes au Kriegs-Lazareth, groupe 2 du 13ᵉ Armée-Corps. Notre médecin-chef, l'Oberstabsartz Prigel, est un chirurgien très estimé de Stuttgardt, où il dirige une clinique bien achalandée ; c'est un homme doux, aimable, qui me témoigne de véritables égards.

La châtelaine de Bleid, Mme de P... est d'origine allemande, mais le comte de P... a de très nombreuses attaches françaises, plusieurs de ses proches parents sont officiers dans notre armée : lui-même a servi dix ans dans la cavalerie belge. Son fils, Adrien de P..., qui est en ce moment au château, est un poète distingué, fondateur d'une revue littéraire, *Le Parvis*, dont nous trouvons un exemplaire dans ma chambre : c'est un recueil

de bluettes en vers ou en prose poétique,
d'ordre surtout sentimental, mais dans lequel
on trouve un véritable souffle et une très grande
richesse d'expression.

Vers 19 heures on apporte un souper composé de veau rôti, d'une salade de concombres
et d'une demi-bouteille de bière par convive.
D... et Pierquin, qui ont partagé le repas de
nos confrères allemands, ont entendu les nouvelles les plus curieuses qu'on peut ainsi résumer :

Paris est en pleine révolution!
Longwy est au pouvoir des Allemands!
La chute de Belfort est imminente!
Les Russes sont battus à plate couture!
Le Japon a déclaré la guerre à l'Allemagne!

Les Français montrent beaucoup de courage ; ils ont une artillerie excellente, mais leur
infanterie est très imprudente.

Le 5e corps d'armée allemand a été rappelé
sur la frontière russe.

Mme de P..., à laquelle nos camarades
se sont présentés, leur a dit que les Français
étaient des littérateurs et des hommes d'esprit,
mais qu'ils n'étaient pas des guerriers!

Je m'endors en rêvant que G... était encore
la France et que P... nous rapproche de
l'Allemagne; opinion pessimiste et erronée
faite de la fatigue et de la chaleur du jour, et

que je ne devais pas tarder à rectifier dans la suite.

*31 Août.* — Vive canonnade éloignée vers 8 heures du matin.

On nous apporte du café non sucré, en abondance, puis un gros pain rond analogue comme couleur et dimensions à notre pain de munition. C'est la ration de notre journée. Lucas reçoit un pain plus rassis, plus compact et un peu gris, celui du soldat allemand. Deux infirmières de la Croix-Rouge du Wurtemberg, l'une brune, souriante et avenante; l'autre rousse, d'aspect plutôt revêche, portant binocle, viennent chercher leur lampe électrique et des brosses à cheveux oubliées la veille. A la brune, je remets un mot destiné à Mme de P... pour la remercier de nous avoir hébergés dans sa demeure.

Lucas est allé au village acheter des chaussons; on le laisse circuler librement. Il n'a pas réussi à trouver de lingerie, ni chemises, ni caleçons; il faudrait aller jusqu'à Mussy-la-Ville pour se ravitailler. Des blessés lui ont raconté que le 5ᵉ Corps français avait été fortement engagé à nos côtés le 22 août et que le 113ᵉ régiment d'infanterie avait perdu beaucoup de monde. Les Allemands appellent nos artilleurs les bouchers noirs; les canons de 75, les fume-cigares et notre cavalerie légère, les diables bleus! On raconte, contrairement au bruit de la veille, que les Russes avancent dans la Prusse orientale.

Le comte de P..., sa femme et sa fille, Mlle Germaine, viennent nous voir, ils sont d'une courtoisie parfaite. M. de P... nous dit que onze personnes de sa famille sont au service de la France. Mme de P... a eu le doigt piqué par une guêpe; je lui donne quelques conseils. Dans la soirée elle nous fait remettre une assiette de belles poires et des reine-claude ainsi qu'un livre fort intéressant : *Chasse aux grands fauves*, d'Édouard Foa.

Je confie au courrier allemand (feld-post) une longue lettre pour ma femme. M. de P... fils, qui est venu nous visiter, pense qu'elle sera fidèlement transmise.

*1ᵉʳ septembre* (10ᵉ jour). — Les nuages et la fraîcheur du matin font place à un soleil radieux. On entend le canon dans le lointain.

Le docteur Prigel vient faire le pansement du lieutenant, il est aidé par une diaconesse experte et bien dressée.

Mme de P... nous envoie, quelques instants après, une bouteille de vin blanc et de délicieuses poires de son jardin; son doigt va beaucoup mieux. Bien que grand'mère depuis peu, elle paraît encore très jeune. Ses sourcils bien marqués soulignent des paupières fendues en amande; ses yeux gris bleu ont beaucoup de vivacité, un large chapeau de paille maïs clair gansé de velours noir la coiffe à merveille : une chemisette blanche brodée, une jupe blanche agrémentée d'un gros papillon de velours noir piqué en arrière dans la taille, des bas à jour et de coquets souliers vernis lui donnent un aspect jeune et pimpant.

Nous ne sommes guère brillants à côté de l'élégante châtelaine; le matin on nous a remis deux chemises de paysannes en toile bien usée, rapiécées même, avec une coulisse au cou, tout ce qu'on a pu trouver dans le village.

C'est dans cette belle tenue que je vais recevoir deux visites officielles : tout d'abord celle du médecin de corps d'armée qui m'a fait transférer de Gomery à Bleid. Il est accompagné de deux acolytes, il s'informe rapidement de ma santé, me demande si je suis satisfait du logement, de la nourriture, et part en coup de vent.

Vers 16 heures, autre visite plus cérémonieuse, celle d'un médecin-inspecteur général d'armée. Il est de taille moyenne, s'exprime assez correctement en français; de teint coloré, de physionomie intelligente et avenante, il n'a rien de la race allemande. Il se montre aimable, courtois, m'interroge sur ma santé, me tâte le pouls, dit qu'il connaît mon grade et ma situation, et me présente, parmi les officiers du corps de santé qui l'entourent, « mon collègue, me dit-il, le professeur d'hygiène de l'Académie militaire de Berlin ». Détail curieux, il ressemble trait pour trait, au professeur Laveran !

Lucas est allé faire notre petite lessive au village ; les habitants ont maintenant la permission de vaquer à leurs travaux dans les champs. On a évacué aujourd'hui une cinquantaine de blessés sur Arlon ; à l'église, transformée en ambulance, il y a quatre cas de tétanos. Les Allemands ont arboré leur drapeau au clocher et au fronton du château, au lieu et place du drapeau belge. Ils disent que la Belgique est annexée à l'empire allemand, que leurs troupes assiègent Belfort et Verdun, qu'ils ont fait 60 000 Russes prisonniers de guerre avec deux de leurs généraux. Ils se plaignent que les ambulances françaises tirent sur leurs formations sanitaires !

Le lieutenant Prost me fait le récit de l'engagement du 101ᵉ sur les hauteurs de Bleid pendant la journée du 22. Vers midi, le commandant de son bataillon annonça que le village d'Ethe était tombé au pouvoir des Allemands, mais qu'on allait essayer de le reprendre ; les compagnies reçurent en conséquence l'ordre de tirer sur ce village.

« C'était la première fois que je voyais le « feu, me dit le lieutenant Prost ; à peine ma « compagnie commençait-elle à se déployer

« qu'un obus, éclatant à mes côtés, me coucha
« par terre. Je n'ai commandé qu'une seule
« fois le feu pendant ma vie militaire et une
« erreur déplorable a voulu que ce fût contre
« des Français ! Je suis resté étendu sur le sol
« jusque vers dix-sept heures, puis mes hommes
« m'ont porté au château de G...; j'étais dans
« un salon du premier étage avec quel-
« ques sous-officiers de hussards, jeunes gens
« fort bien élevés. Nous nous sommes rendus
« de mutuels services, nous entraidant de notre
« mieux, car les infirmiers, peu nombreux,
« montaient rarement nous voir ; nous avons
« souffert de la faim, de la soif et surtout du
« défaut de pansements réguliers. Les méde-
« cins allemands travaillaient peu et se bor-
« naient à nous répéter de prendre patience,
« qu'ils n'avaient pas beaucoup de matériel et
« se trouvaient dans la nécessité de le mé-
« nager. »

Chaque soir D... et P... qui, dans la journée,
prennent part au travail du lazareth, installent
leurs paillasses et leurs oreillers sur le sol
et le petit camp français s'endort paisiblement en rêvant à la liberté, à la délivrance.

Les paillasses allemandes sont larges, munies
près de leurs extrémités de quatre anses en
forte tresse qui en rendent le mouvement très
facile. Elles ont une longueur de deux mètres,
et sont réellement pratiques.

2 *Septembre*. — C'est aujourd'hui le Sedan-Tag, lugubre souvenir! Une forte rosée couvre les pelouses; le soleil brille d'un vif éclat.

Les nouvelles sont mauvaises! C'est **M.** de P... qui nous les apporte.

Les Belges sont définitivement vaincus. Les forts de Namur ont été détruits jusqu'au dernier; une grande bataille entre Malines et Bruxelles aurait marqué la fin de la résistance. Le roi des Belges a réussi à gagner Anvers en automobile, mais la flotte allemande occupe l'embouchure de l'Escaut et Anvers est sur le point de succomber. Les Anglais débarqués en Belgique n'ont été d'aucun secours; leur tactique est rudimentaire. Les Allemands affirment que leurs avant-postes sont à 34 kilomètres de Paris! Par contre, la flotte anglaise aurait infligé un échec sérieux à la flotte allemande dans la mer du Nord, près de l'île d'Héligoland; ce dernier détail nous est confirmé par le Dr Prigel, d'ordinaire très circonspect comme renseignements.

Que faut-il penser? Est-ce possible que nos armées aient cédé à ce point! Mais alors que sont devenus les défilés de l'Argonne? les Thermopyles de la France! Faut-il croire à tant de malheurs? à tant de ruines?

Il fait une belle journée d'automne, une lumière chaude enveloppe la terre, les coqs chantent, des enfants rient et s'amusent, la vie semble douce, tranquille et bonne. Et cependant que de paupières sont déjà à jamais closes! que de deuils, que de larmes dans le passé! que de tristesses nous prépare encore l'avenir!

Le curé de Bleid vient nous rendre visite. L'abbé Jacob, comme la plupart des prêtres belges, a des manières toutes rondes; il fume avec délices de gros cigares et ne craint pas de déguster un ou plusieurs verres de vieux bourgogne. Justement M. de P... nous a munis d'une bonne bouteille; mais aujourd'hui le vent n'est pas à la joie. L'abbé nous raconte les fusillades du village d'Ethe dans la journée du 23 août : son père âgé de 75 ans y a trouvé la mort et le même soir le pauvre abbé a dû héberger, dans sa propre chambre, le prince Oscar de Prusse, légèrement blessé au genou dans la journée du 22 août. M. Adrien de P..., qui accompagne l'abbé, nous rapporte qu'un émissaire venu de France affirme qu'autour de Sedan, l'armée française a coupé l'armée allemande en deux tronçons et qu'un combat acharné se poursuit.

Lucas rentre du village avec quelques provisions : un kilog de sucre candi à 1 fr. 40, des pochettes de papier à lettre, des cahiers d'écoliers, une brosse à habits, des aiguilles provenant de la dépouille d'un soldat allemand. Une brave paysanne, qui a eu son frère et son beau-frère fusillés à Ethe, lui offre, pour les officiers français blessés, des œufs frais qu'elle a soigneusement cachés aux Allemands. Elle raconte que ces derniers, à leur arrivée à Bleid, ont tout détruit pour le plaisir de faire du mal; elle tient un petit commerce d'épicerie, on lui a brisé ses vitres, sa devanture, pillé ses bonbons, son chocolat, ses denrées et tous les petits objets d'usage courant : porte-monnaie, glaces, etc... Une provision de 240 kilogs d'avoine a été sottement éparpillée dans la rue. Maintenant les Allemands font le recensement de toutes les ressources du village en animaux, denrées, fourrages, grains, etc.... La brave femme n'a pas voulu accepter le moindre payement pour les œufs et nous a envoyé une petite glace de poche, réclame de la lessive Phénix.

Nous avons vécu tout le jour de côtelettes de porc et de choux rouges. Le soir on nous a envoyé un bol de thé très parfumé.

Nos confrères allemands ont chanté des lieds poétiques une partie de la soirée, puis des chansons à boire, mais pas le moindre hymne patriotique, ce qui m'a beaucoup surpris, étant donné la solennité du jour!

J'ai écrit une longue lettre à ma mère dans une enveloppe adressée à mon ami le professeur Bard à Genève.

Pierquin a également envoyé de ses nouvelles et des nôtres aux siens.

Nous remettons notre correspondance à l'inspecteur du Kriegs-lazareth qui les confie au feld-post. Arriveront-elles, nos messagères? Nous le désirons ardemment, car si nous savions nos parents rassurés nous aurions le cœur moins contristé.

Jusqu'à vingt-deux heures et demie nous avons entendu le grondement lointain du canon!

*3 septembre.* — Je sais pourquoi nous n'avons pas entendu hier soir le *Wacht am Rhein*, ni le *Deutschland über alles!* C'est une délicate et surprenante attention de l'Oberstabsarzt à notre égard. « Pourquoi, lui demandai-je à sa visite quotidienne, n'avez-vous pas chanté vos hymnes patriotiques? » Il m'a répondu d'un air fort grave et en scandant ses mots : « Pas tant que vous êtes là! » On imagine notre surprise! Eh quoi, sont-ce bien les mêmes hommes qui pillent, incendient, violent et fusillent? Quel contraste, quel état d'âme imprévu! J'en suis resté rêveur.

Une violente canonnade s'est fait entendre pendant toute la matinée qui est réellement splendide; le soleil étincelle et le ciel est d'un bleu qui me rappelle celui de la Côte d'Azur.

M. de P... arrive avec une bouteille de vin gris; le bruit court que les Français ont pris Metz en détournant le cours de la Moselle?

Cette nouvelle étrange nous laisse sceptiques.
Ce qui est malheureusement plus exact c'est
que dans la nuit soixante mille Allemands ont
franchi la frontière française avec une nom-
breuse artillerie.

Notre Kriegs-Lazareth se développe. On a
dressé sur les pelouses deux belles tentes à
doubles parois avec fenêtres garnies de mica.
On y place des blessés graves qui, pendant la
journée, sont mis au grand air dans les allées
du parc, à côté d'autres blessés qui viennent
faire sécher leurs appareils plâtrés ; ceux-ci sont
faits à la mode allemande, avec des bandes. On
voit fort peu de gouttières taillées sur patrons
comme nous les constituons en France. Les
villages voisins continuent à évacuer sur Bleid
leurs blessés. Le docteur Prigel est venu faire,
avec beaucoup de douceur et de soin le pansement du lieutenant Prost : l'horrible plaie du
mollet prend bonne tournure, elle se couvre
de bourgeons charnus roses et de bon aspect.
Prigel, qui porte un tablier imperméable en
étoffe jaune, analogue à celle des suroîts de
marin, se redresse satisfait de son pansement
et dit à son malade : « Vous êtes beau comme
un ange », à quoi je riposte en allemand « Ou
plutôt comme un jambon (*Wie ein Schincken!*) »
ce qui amène un bon sourire dans la figure
ordinairement grave et réfléchie de Prigel. Il
nous raconte que les quatre infirmières de la

Croix-Rouge appartiennent à de bonnes familles bourgeoises de Stuttgard. Parmi ses diaconesses il en est deux qui étaient attachées à sa clinique chirurgicale; ce sont ses assistantes habituelles; elles sont d'une classe moins élevée que les infirmières de la Croix-Rouge, et mangent à part, à la cuisine.

Voilà que le brave Lucas revient du village avec un ciseau, du fil noir, blanc et rouge, des épingles, des agrafes, des crochets, bref de quoi raccommoder ma culotte! Il nous amène Nicod, son collègue du 26ᵉ d'artillerie, musicien brancardier, joueur de flûte, tandis que Lucas joue du saxophone ou de la clarinette. Il paraît que Nicod est atteint d'une véritable boulimie qui le rend bien malheureux; Mme de P... en a eu pitié, elle lui a fait donner par le cuisinier du château une ration supplémentaire de pain et quelques rogatons de viande ou du macaroni dont on fait ici grand usage. Nicod dit tenir d'un colonel allemand blessé que les Russes bombardent Berlin, et que son propre château a été livré aux flammes. Les Allemands emploient volontiers Nicod comme infirmier, car il a une extrême bonne volonté et espère augmenter sa ration alimentaire grâce à son zèle.

Mme de P... nous apporte une assiette de mirabelles de Metz, ainsi que de l'excellente saucisse qu'elle vient de recevoir et qui améliore sensiblement notre ordinaire, un peu monotone, de bœuf et de macaroni, ou de salade de pommes de terre. Son fils, qui l'accompagne, nous raconte les péripéties de la journée du 22 août dans le village de Bleid. Les Allemands et les Français s'y sont succédé et y ont combattu à plusieurs reprises. Il y a eu des méprises de part et d'autre; des coups de feu échangés sans se reconnaître. Dans le parc du château on a trouvé de nombreux cadavres allemands; près d'un petit pont à l'entrée du village vingt-cinq cadavres de soldats français garnissaient les talus. Les balles crépitaient sur la façade du château, néanmoins M. Adrien de P... et sa mère sortirent pour relever des blessés tombés sur les pelouses; les Français étaient plus nombreux que les Allemands. Quelques officiers furent ainsi hébergés : le capitaine Battesti qui mourut peu après, le capitaine Ferraton, le saint-cyrien Falkner, plus tard évacués sur Arlon. Parmi les Allemands se trouvait un commandant-major, grâce auquel le pillage fut épargné au château. Mme de P... a toujours pu conserver les clefs de sa cave, de son fruitier, de ses réserves. Une quinzaine de soldats français réfugiés dans les communs du château furent faits prisonniers. Aujourd'hui encore, un malheureux fantassin, qui depuis le 22 août, errait dans les bois, se nourrissant de glands et de racines est venu, mourant de faim, se rendre à l'ambulance.

Vers seize heures nous recevons la visite d'un prêtre catholique de Luxembourg, l'abbé M..... : il a été missionnaire au Congo et porte un pantalon long en drap noir sous une soutane courte ; d'origine allemande, il ne peut se résoudre à croire aux massacres accomplis par ses compatriotes sur les blessés, les femmes et les enfants : il doit se rendre à Ethe pour savoir la vérité sur les atrocités qu'on lui affirme y avoir été commises.

Dans la soirée, trente blessés français sont évacués sur Luxembourg par un convoi automobile. Il en reste à peine une centaine à Bleid.

A vingt-deux heures, canonnade lointaine ; nous pensons que ce sont les forts de Verdun qui tirent sur les colonnes et les convois.

De minuit à une heure du matin, des canons et des caissons traversent le village en menant grand fracas.

*4 septembre*. — Soleil resplendissant succédant à une forte rosée nocturne. Dès le matin on fait une évacuation de blessés sur la gare de Signeul à destination de Luxembourg.

Ma botte plâtrée me gênant je prie mon collègue D... d'ouvrir à la cisaille la partie antérieure, de façon à me laisser simplement une gouttière, ce qui me permet de contracter mon muscle droit antérieur dont je redoute l'atrophie, et supprime la compression de la rotule qui m'était fort pénible.

Dans la journée nous recevons trois agréables visites : celle de l'abbé Bauré, chapelain du château de G..., qui se rencontre dans ma chambre avec Mme de P.... Depuis deux jours la demeure des de G... a retrouvé sa tranquillité : il n'y a plus un seul militaire dans le castel. L'abbé, encore tout ému des meurtres qu'il a vu commettre sous ses yeux à Gomery, entame une discussion assez vive avec Mme de P... qui essaie d'expliquer, sinon d'excuser, l'état d'âme des vainqueurs. Elle insiste sur ce fait qu'il y a, en Allemagne, des races bien distinctes : celle du Nord-Est, rude et sauvage, qui comprend la Silésie, la Courlande, la Poméranie ; celle du Sud-Ouest, douce et policée qui englobe la Bavière, la Saxe, le Wurtemberg, le Grand-Duché de Bade. Malheureusement c'est la race du Nord qu'on a fait marcher en tête de l'invasion.

Il paraît que notre artillerie de campagne a fauché des régiments ennemis en entier. L'empereur aurait décrété une levée générale de tous les Allemands en état de porter les armes de 17 à 58 ans ! Toute la landwehr va se porter au front ; la garde de Bleid est déjà partie à deux heures du matin dans la direction de la France ; elle sera remplacée par la landsturm, ou par de tout jeunes gens. Mme Adrien de

P... interrompt ces considérations belliqueuses en nous amenant son premier-né, un gentil bébé de 4 mois: timide, douce et d'allure distinguée, Mme Adrien de P... habite, en temps normal, auprès de Bastogne. Au cours de la conversation nous découvrons avec Mme de P... mère que nous avons des connaissances communes à Saint-Quay! la famille de Boisanger. Comme le monde est petit! L'après-midi s'est écoulée rapidement au milieu de bavardages. Il y a ce soir réception, chez le curé de Bleid, des médecins militaires allemands et français. Nous avons su le lendemain qu'on avait bu beaucoup de bourgogne et fumé de gros cigares; l'abbé Jacob a tenu tête, et largement, au meilleur buveur de la réunion! Les quatre Croix-Rouge Wurtembergeoises ont pris part à la fête.

L'Inspecteur nous avait envoyé du vin aigre rapporté de Luxembourg; heureusement il y avait joint de l'eau minérale de Belval qui nous a été beaucoup plus agréable.

Vers 19 heures, on entend le grondement lointain du canon. Il nous semble que c'est une voix presque amie! car elle nous parle des nôtres et de leurs héroïques efforts.

*5 Septembre.* — Quinze jours se sont écoulés depuis la bataille d'Ethe: le temps est brumeux, couvert; il souffle un vent aigrelet; le canon tonne, par rafales, sur notre droite dans la direction des côtes de Meuse. Le D<sup>r</sup> Prigel nous annonce qu'il a dû recevoir soixante blessés français soignés à Saint-Léger. Il refait soigneusement mon pansement; un peu de sérosité s'écoule de la plaie de sortie, le cul-de-sac sous-tricipital est encore tendu, chaud et sensible à la pression; toute la région du genou empâtée. Une vaste ecchymose mi-violacée, mi-jaunâtre occupe la jambe en entier jusqu'au niveau du dos du pied et de la cuisse dans sa moitié inférieure; l'orifice d'entrée du projectile cicatrise sous une croûte brunâtre et sèche.

Adrien de P... nous apporte une bouteille de cidre mousseux. Il nous dit tenir d'un officier général allemand que les 120 000 hommes de notre 3<sup>e</sup> armée se sont heurtés à 230 000 Allemands. Le Kaiser serait en ce moment à Luxembourg, il aurait même poussé jusqu'à Saint-Léger. Un journal allemand, reçu par le kriegs-lazareth, annonce que la cavalerie allemande patrouille autour de Paris; que huit forts de Verdun sont détruits, que 90 000 Russes ont été faits prisonniers.

Dans la soirée, Bleid reçoit des blessés allemands et français: ceux-ci appartiennent aux 101 et 103<sup>e</sup> régiments d'infanterie; ils viennent de Mussy-Saint-Léger sur des voitures lorraines. Le village de Bleid avec son château, son église, son école et quelques maisons d'habitations est devenu un véritable centre hospitalier; les mouvements de malades y sont incessants.

Le personnel du lazareth a rendu ce soir au curé de Bleid sa politesse de la veille, en le conviant à dîner avec D... et Pierquin. La table est mise sur la pelouse et de mon lit j'entends le bruit des conversations; un punch a clôturé la réunion. Je suis un peu fâché contre l'abbé Jacob qui fraternise ainsi avec l'ennemi, mais il me dira plus tard que c'est pour ses ouailles, pour obtenir un meilleur traitement et leur éviter des exactions et le pillage. Il a peut-être raison! Et cependant, ils ont tué son père!

*6 Septembre.* — Dès l'aube le chant du coq accompagne le bruit lointain du canon.

M. Adrien de P... nous explique que les Allemands ont laissé un corps d'armée devant Verdun et que, tournant les défenses de la Meuse, ils envahissent la France par Mouzon et Sedan. Ils auraient perdu 80 000 hommes dans les combats autour de Stenay, Mouzon et Sedan. Au moment où ils franchissaient la Meuse sur des ponts de bateaux, l'artillerie française en a fait un véritable carnage; leur marche en avant s'est trouvée momentanément entravée. On raconte qu'une grande puissance aurait intimé à l'Allemagne l'ordre d'évacuer la Belgique dans les 24 heures sous peine d'intervention armée. Un paysan de Saint-Léger apporte les nouvelles suivantes, qu'il dit tenir d'un médecin militaire allemand blessé et soigné dans sa maison : les Anglais auraient pris Hambourg ; les Français Metz ; les Russes Berlin. Il a vu à Saint-Léger cinq pièces de 75 françaises enlevées à Ethe, mais elles ont été mises hors d'usage par les Français, avant leur abandon. D'après le chiffre des morts ensevelis, tant allemands que français autour du village d'Ethe, chiffre qui s'élève à 3000, on peut aisément calculer le nombre total des blessés de cette terrible journée. Il s'élèverait à 17000 si on admet la proportion habituelle de 15 tués pour 100 blessés.

A midi la nouvelle garde militaire d'Ethe arrive. Elle se compose de six soldats de la landsturm, honnêtes pères de famille du Wurtemberg. L'un d'eux a dix enfants ; il dit, en parlant des atrocités commises dans les villages belges : « Ce sont des jeunes qui ont fait ces misères ; avec des vieux comme nous, cela ne serait pas arrivé. »

Vers 15 heures, on nous annonce l'arrivée en automobile d'une mission de la Croix-Rouge luxembourgeoise qui parcourt les ambulances de la région apportant des vivres frais, du tabac, de l'argent même pour les blessés français.

Le chef de la mission, M. Léon Bastian, docteur en droit, avocat à la cour d'appel de Luxembourg, vient nous serrer la main et recueille les adresses de nos familles pour leur faire parvenir de nos nouvelles[1]. C'est un homme de belle prestance, à la physionomie ouverte et énergique, à l'œil bleu clair, porteur d'une barbe rousse. Il déteste les Allemands et voudrait nous confier le soin de distribuer aux seuls blessés français les provisions qu'il apporte; nous protestons doucement et il est convenu que Mme de P... se chargera de faire une distribution équitable aux blessés du Kriegs-Lazareth. Néanmoins M. Bastian tient à nous laisser la somme de 32 marks exclusivement destinée aux blessés français.

Une bonne surprise devait clôturer cette journée. Vers 17 heures notre camping est envahi par une joyeuse bande de visiteuses. Ce sont les châtelaines de G..., Mlles Raphaëlle, Cécile et Antonia auxquelles s'est jointe Mlle de P....Cécile de G... nous raconte les poursuites amoureuses du médecin allemand Jacobi. Ces confrères boches n'avaient-ils pas eu l'idée d'organiser une sauterie avec

---

1. M. Bastian confia ces documents à une de ses parentes, qui les fit parvenir ultérieurement à une famille par l'intermédiaire d'un haut fonctionnaire de la Corse, où elle s'était rendue, voie d'information réellement bien inattendue!

ces demoiselles? Jacobi laissait percer ses intentions matrimoniales, oh! combien désintéressées!!! « Vous devez être très riche, Mademoiselle, nous ferions un excellent ménage! » Et elle ajoute avec son esprit gamin: « Pour la richesse, il peut se fouiller s'il a des poches! »

On nous raconte qu'au village d'Ethe, 321 habitants ont été fusillés ou mitraillés; à La Tour, la population civile a été décimée. Gomery a été favorisé, un seul paysan ayant été passé par les armes.

J'ai redit, avec tout mon cœur, à Mlle Raphaëlle la profonde admiration que nous avait inspirée son beau courage; cette vaillance du cœur qui la faisait courir, seule et désarmée, au-devant des patrouilles allemandes menaçantes, pour nous préserver et nous sauver!

Certes, nous ne vous oublierons pas, gracieuse et vaillante phalange du château de G..., nobles filles du pays gaumet, pure et claire lumière surgie dans la tempête où tous nous avons failli sombrer.


7 *Septembre.* — Depuis l'aube le canon tonne sous un ciel sans nuages. Quelle belle journée de fin d'été! De mon lit je vois le verger du château où nos aimables propriétaires font ample récolte de prunes et de poires; de temps en temps, j'aperçois aussi un maraudeur alle-

mand qui secoue les arbres et s'enfuit les poches pleines !

A huit heures un convoi de soixante blessés français s'ébranle vers la gare de Signeul. Je demande au docteur Prigel si nous partirons bientôt pour Luxembourg ou Coblentz : Il sourit, mais ne me répond pas ; il a enlevé mon plâtre pour lui substituer un bandage roulé compressif ; mon genou reste sensible et raide, mon mollet lourd et douloureux. J'essaie de me mettre debout, il me semble que j'ai un poids énorme dans toute la jambe ; vite je réintègre mon lit. Prigel me conseille de remettre la gouttière de plâtre par-dessus mon bandage, ce que je m'empresse de faire. Dans l'après-midi une agitation fébrile règne dans le Kriegs-Lazareth. Les autos de réquisition vont et viennent, chargeant trois ou quatre blessés. On évacue les tentes si confortables de la pelouse ; elles sont démontées en un tour de main et roulées. Décidément on plie bagages, notre départ doit être proche.

Mais voilà le bon abbé Jacob qui arrive, dissimulant une bouteille de bourgogne dans les poches de sa soutane. Quel brave homme ! il allume un gros cigare et, entre deux bouffées, nous conte les bruits, les nouvelles que nous recueillons avidement. Les débris de l'armée belge tiennent encore dans Anvers. Verdun résiste à tous les assauts. Metz serait au pouvoir des Français qui ont chèrement payé ce succès.

L'abbé Jacob nous confie combien les Belges sont attachés à leur clergé et à la noblesse; il est à la tête d'un syndicat agricole, il centralise la vente du lait, du beurre, s'occupe des assurances contre la perte des récoltes, des animaux; il est bien réellement le pasteur de ses paroissiens. M. de P... vient à son tour avec du cidre mousseux, du vin blanc, des prunes et des poires; Mme Adrien de P... l'accompagne portant son bébé, Henri de P.... Mon bon camarade Prost est tout ému et demande à embrasser cet enfant qui lui rappelle le sien, âgé de quatre mois et qu'il a vu à peine! Que font tous nos aimés? Savent-ils que nous sommes blessés mais vivants, bien soignés et pleins d'espoir? C'est pour nous un souci constant que la possibilité de ces mortelles anxiétés que nous pressentons, que nous redoutons malgré nos efforts répétés de correspondance. S'ils pouvaient imaginer cette chambre confortable, baignée d'air et de lumière, égayée par toutes ces bonnes sympathies belges qui nous entourent, et même par le respect de nos vainqueurs, nous serions à moitié consolés de notre infortune. Que de fois nous avons pensé à cette impuissance de notre affection devant les distances et les difficultés que créent la captivité et la guerre, et, chaque fois, c'est pour nous la même tristesse!

Vers le soir je parcours *l'Eve future*, de Villiers de l'Isle Adam ; le *Journal des chasseurs*, et même les *Mémoires de Latude*, littérature de circonstance!

Les médecins du Kriegs-Lazareth ont invité à leur table M. de P... et son fils, dîner cérémonieux qui précède le départ.

Avant de nous livrer au repos, nous bourrons nos musettes; on répartit les vivres : sucre candi, conserves de viande, œufs durs, allumettes et tabac. Les malles ne sont pas longues à faire!

*8 septembre*. — A neuf heures du matin le docteur Prigel vient faire le pansement du lieutenant Prost pendant qu'on démonte la dernière tente du Kriegs-Lazareth. Je lui dis : « Eh bien! nous voilà prêts à partir comme cette tente. » Il sourit et riposte en s'adressant à Prost : « Lieutenant, vous partez aujourd'hui pour un lazareth, ces messieurs quitteront Bleid avec le lazareth demain, pour Montmédy ».

C'est donc vrai! nous allons rentrer en France! dans les fourgons de l'étranger! Montmédy s'est rendu sans combat! mais ce ne sera qu'une étape vers la captivité, car les évacués d'hier ont continué leur route sur Trèves et Coblentz, suivrons-nous la même route? Il n'y a pas de temps à perdre; nous préparons rapidement quelques provisions pour Prost, une boîte de conserve de bœuf, des œufs durs, des fruits, du vin blanc. A dix heures, nous échangeons des adieux; de vigoureux brancardiers habillent rapidement notre bon camarade; on se promet réciproquement de communiquer des nouvelles aux familles; les mains se pressent avec émotion. Ces quelques journées passées dans l'épreuve ont déjà noué entre nous des liens durables. Une charrette lorraine bien garnie de paille et d'un bon matelas emporte notre ami. Pauvre camarade, il avait le cœur gros de nous quitter, puis il avait toujours espéré être évacué en auto sanitaire! C'était sa première étape sur la route de l'exil[1]!

A partir de 13 heures on entend une violente canonnade dans la direction des côtes de Meuse. Le temps est lourd et orageux; de grosses nuées s'accumulent à l'horizon. Il est temps que je fasse un effort pour sortir de mon lit;

1. Mon premier soin en revenant en France fut d'aller porter à Mme Prost des nouvelles de son mari; aucune lettre ne lui était parvenue depuis le 20 août; on devine aisément son émotion. Plus tard, j'appris par elle que Prost était soigné en Bavière, à Ingolstadt.

Au mois de mars 1915, au moment où sa blessure lui laissait entrevoir la possibilité d'un retour dans la mère-patrie, un mal mystérieux l'enleva en six jours. Sentant sa fin prochaine, il offrit chrétiennement le sacrifice de sa vie pour le succès de nos armes et le salut de la France et mourut en soldat héroïque, tel qu'il s'était révélé sur le champ de bataille du 22 août.

mon brave Lucas m'habille et je me fais
déposer près de la fenêtre sur une chaise longue, où je m'amuse à crayonner l'aspect du
village de Bleid et son petit clocher pointu
couvert d'ardoise. J'aperçois entre les mains
d'un infirmier un journal allemand qui porte
en tête la grosse manchette : « Les Français en
Allemagne. Les Allemands à Reims ! » Je ne
m'attarde pas à ce que je prends pour une de
ces vantardises dont les Allemands me paraissent coutumiers. Comment serait-ce possible ?
Que serait donc devenue cette belle armée que
nous avons vue si pimpante et si résolue ! Et
nos défilés historiques de l'Argonne ? On ne les
a pas escamotés, j'imagine ? Et alors, que
signifie cette prétendue occupation de Reims ?

Je continue à m'intéresser au mouvement
du château ; des femmes du pays, un fichu sur
la tête et noué sous le menton, s'activent, vont
et viennent, apportant des corbeilles de linge
lessivé ; elles sont payées 2 francs par jour,
paraît-il. Des paysans passent, l'allure lourde,
la faux ou le râteau sur l'épaule. Dans un pré
voisin, des vaches sont en train de paître bien
paisiblement. Vraiment on se prend à oublier
la guerre !

Mais l'illusion n'est pas longue à se dissiper.
Lucas, qui revient du village, a causé avec une
malheureuse jeune fille : elle lui a narré sa douloureuse aventure. Le 23 août elle était avec

son frère, bien tranquille dans un petit moulin, leur propriété située en dehors de la ville, quelques blessés français s'y étaient réfugiés. Les Allemands surviennent, brûlent la maison, prennent le frère et la sœur comme otages et les mènent à Mussy-Saint-Léger. Tout le long de la route, l'escorte s'amuse férocement à les larder de petits coups de baïonnette; ils ruissellent de sang en arrivant à Signeul. Un officier allemand, ému de pitié, les fit panser par un de ses médecins et reconduire à leur maison. A Signeul s'étaient passés des faits aussi révoltants : une jeune accouchée fut expulsée de son lit avec son bébé; un certain nombre d'habitants parqués hors du village et fusillés ensuite sans merci. Les Allemands se vantaient d'en faire bien davantage en France, disant qu'ils tueraient tous les enfants mâles en état de porter les armes, à partir de 14 ans. Cette même jeune fille dit à Lucas qu'on a perçu dans la journée une contribution de guerre de 3 francs par habitant.

L'abbé M..... est de retour de sa lugubre promenade. Il a fait des enquêtes sur le massacre du poste de secours de Gomery, et sur la fusillade des habitants d'Ethe. Avec des larmes dans les yeux il nous dit : « C'était bien vrai! ce que j'ai vu est horrible; jamais je n'aurais cru que pareille chose pût arriver! »

Ce même soir, le dernier que nous devions

passer à Bleid, nos confrères ont été particulièrement bruyants; ils avaient invité l'abbé
Jacob. Leurs chants se sont prolongés jusqu'à
vingt-deux heures pendant que, patiemment
et laborieusement, je cousais douze crochets
sur les bords de ma pauvre culotte rouge longuement fendue sur le côté pour pouvoir y
loger mon pansement et ma demi-gouttière.
Dame! il faut bien songer au voyage du lendemain et sauvegarder les apparences d'une tenue
hélas! déjà trop délabrée, quand on la compare
à la brillante correction de nos vainqueurs.

*9 Septembre*. — Dès le matin nous voyons
charger le matériel du Kriegs-Lazareth sur des
voitures de réquisition, car la formation n'a
pas de moyens de transport qui lui appartiennent en propre, à l'instar de nos hôpitaux d'évacuation. Le canon tonne comme d'habitude du
côté de Verdun.

Mme de P... nous annonce mystérieusement que les Japonais ne vont pas tarder à
traverser la Belgique, le bourgmestre en a reçu
l'avis. Cette nouvelle nous laisse rêveurs! Décidément la brise de Gascogne souffle même
en Belgique. Nous inscrivons sur le registre
des hôtes l'hommage de notre gratitude et de
notre affectueuse sympathie pour la Belgique
meurtrie.

Le docteur Prigel nous fait sa visite matinale.

Il a une tenue neuve, des bottines et des houzeaux en cuir fauve glacé; il porte une décoration avec un ruban vert. On dirait une gravure de mode tellement il est neuf et soigné! Il nous annonce notre départ prochain.

A quinze heures, les chariots de matériel s'ébranlent. Les infirmiers suivent en ordre; derrière eux les diaconesses, sur deux rangs, la musette au côté, leur emboîtent le pas.

Deux autos chargent les infirmières de la Croix-Rouge.

Dans la troisième, je prends place avec le médecin-chef et les médecins de la formation.

La famille de P... est venue sur le perron nous serrer une dernière fois la main. M. de P... me fait cadeau d'une bonne et solide canne de hêtre dont j'aurai le plus grand besoin, car ma jambe est bien faible et mon genou manque totalement de souplesse.

Un dernier salut du képi et de la main. L'auto démarre. En route pour la gare de Signeul, direction Montmédy.

Un instant j'ai l'illusion que je pars pour la France! hélas! c'est la première étape de la captivité.

# CHAPITRE VII

## MONTMÉDY. — L'HOPITAL MILITAIRE.
## (9-10 SEPTEMBRE 1914.)

De Bleid à la gare de Signeul l'auto dévale
sous un clair soleil, au travers d'une plaine
légèrement ondulée ; nous croisons, sur la route,
une partie du personnel du Kriegs-Lazareth
qui chemine allègrement vers la station. — Un
peu avant d'atteindre les premières maisons de
Signeul, des tumuli rapprochés, des débris
d'uniformes français ou allemands nous rappellent douloureusement que, là aussi, la bataille fut rude ! Le 5e corps français a été décimé
en défendant ce village ; le feu a ravagé de nombreuses maisons, ce sont les plus belles ! Des
pans de murs noircis, c'est tout ce qu'il en
reste. La gare n'est plus qu'une ruine informe ;
nous y trouvons le train qui doit nous mener
à Montmédy. — Prigel m'aide aimablement à
descendre de l'auto, en me donnant le bras ; le

chirurgien de l'ambulance me soutient de l'autre côté et je gagne ainsi le wagon. Une cantine est approchée pour me servir de siège, en attendant qu'on embarque ; bientôt l'essaim des jeunes infirmières de la Croix-Rouge Wurtembergeoise m'entoure. L'une d'elles, qui parle très correctement le français, me raconte qu'elle était placée au Havre, chez un capitaine au long cours, qu'elle y a laissé la majeure partie de ses effets au moment de la déclaration de guerre, mais qu'elle espère bientôt aller les prendre, quand l'armée allemande occupera le littoral ouest de la France. Peste ! la demoiselle a de l'appétit !

Le soleil devenant brûlant, je demande à m'installer dans un compartiment pour m'étendre un peu sur la banquette ; on s'empresse de m'aider à prendre place. Prigel dispose, lui-même, une couverture de laine pour m'éviter le contact trop dur du bois. Les infirmières allemandes vont s'étendre sur le gazon du remblai de la voie, puis au bout d'un instant gagnent un chaume voisin pour cueillir des mûres de ronces. Elles m'en apportent un petit bouquet avec quelques bleuets, fleur préférée du kaiser ! D..., Pierquin, Lucas arrivent avec les dernières voitures de matériel. Tout le monde s'installe. Le personnel officier de l'ambulance occupe un long wagon à banquettes disposées le long des parois ; le train s'ébranle vers dix-huit heures, au soleil couchant, et bientôt tous nos compagnons de route déballent leurs provisions pour le repas du soir. Ce voyage ne devait pas être gai pour moi; un malaise des plus pénibles en marque le début : je suis pris de nausées et de violentes douleurs abdominales; c'est une sorte d'indigestion ou d'intoxication alimentaire qui, pendant cinq longues heures (elles me parurent des siècles!), va me plonger dans un état de malaise indicible et d'anxiété douloureuse, avec tendance syncopale extrêmement pénible.

Pierquin me donne, de temps à autre, un morceau de sucre imbibé d'alcoolat de mélisse, dernier vestige de l'approvisionnement régimentaire du 14ᵉ hussards!

Le jour baisse, le wagon est faiblement éclairé. Les médecins allemands et leurs infirmières ont terminé leur repas; ils chantent à deux voix, mêlant des lieds populaires à des chansons à boire. Le train chemine très lentement avec des arrêts interminables. De Gomery et de La Tour, j'aperçois dans le crépuscule Ruette, notre cantonnement du 21 août, puis nous traversons Saint-Mard et Virton; de nombreuses sentinelles allemandes gardent les voies et les ouvrages d'art. Sur les routes défilent d'interminables convois de camions automobiles, avec lesquels les Croix-Rouge échangent de joyeux et interminables saluts.

A plusieurs reprises, notre convoi stoppe en pleine voie : des trains chargés de troupes, de munitions, nous croisent. A vingt-trois heures nous atteignons Montmédy; nous avons fait, en six heures, 25 kilomètres! J'essaie, mais en vain, de me mettre debout; la tête me tourne, je me sens défaillir. — Le bon Prigel a pitié de moi; il court me chercher une civière; on me dépose sur le quai de la gare où je suis bientôt entouré d'une haie de soldats curieux; l'un d'eux me donne un peu de café chaud et sucré qui me ranime : je suis dans un véritable état cholériforme. Prigel revient avec une automobile dans laquelle on m'installe, ainsi que mes trois fidèles compagnons; nous roulons, à grand'peine, dans les rues de Montmédy que traversent des colonnes interminables de troupes de toutes armes, suivies de leurs convois; de grandes lampes à arc éclairent cette scène d'invasion nocturne, spectacle inoubliable qui m'arrache à ma torpeur! C'est la horde des barbares, mais de barbares méthodiquement entraînés, dont les vagues s'avancent, cadencées et compactes, à la façon d'un flot de lave en fusion. Montmédy ne s'est pas défendu : un lieutenant-colonel d'infanterie commandait la place. Ce n'était pas le fier officier qui retint à Longwy, pendant huit longues journées, l'invasion frémissante; il obtint de l'ennemi que la garnison se retirât en armes, mais sans combattre. Hélas! il comptait sur la bonne foi d'un ennemi qui ne connaît d'autre loi que celle de l'intérêt. A peine la colonne eut-elle quitté la ville qu'une force imposante la somma de se rendre à merci.

L'auto nous dépose, à minuit, au seuil de l'hôpital militaire. On nous conduit dans une longue salle du rez-de-chaussée garnie de blessés français; une vieille religieuse nous apporte du thé; nous profitons des derniers lits disponibles et nous hâtons de nous y étendre, espérant y trouver le repos et l'oubli. Mais un moteur à vapeur qui fournit l'électricité urbaine fait un bruit assourdissant auquel ne tardent pas à se mêler les grondements du tonnerre : jusqu'à 4 heures du matin, un orage épouvantable se déchaîne sur la ville. Au petit jour seulement le calme renaît, et je succombe au sommeil, mon malaise s'étant peu à peu dissipé.

Je me réveille à 7 heures; Lucas dort encore profondément ainsi que mes compagnons D... et Pierquin. Vers 8 heures, arrive un médecin-major de 2ᵉ classe, entouré d'infirmières de la Croix-Rouge allemande; l'une d'elles m'interroge et me rédige une fiche d'intransportable qu'elle attache à la tête de mon lit. Un aumônier lui succède, il parle un peu français et me témoigne une réelle sympathie. Enfin, le Dᵣ Mann vient me saluer et me tend une boîte de cigares ; je le remercie de mon mieux, lui disant que je ne fume jamais. Mon refus le vexe profondément ; il le prend pour du dédain, ferme brusquement sa boîte de cigares et me tourne les talons, sans mot dire. Le voilà mon ennemi ! Il ne manquait plus qu'un pareil incident pour me faire prendre Montmédy en horreur. A mon réveil, j'avais déjà été écœuré de la malpropreté des draps de lit : à en juger par leur couleur et leur relent ils avaient dû servir, sans lavage, à pas mal de victimes de la guerre. La salle elle-même me paraît lugubre avec son aspect de cave, ses soubassements peints en jaune foncé, ses longues files de lits garnis de grands blessés geignants et gémissants, son odeur fade et le bitume noirâtre qui recouvre le sol. Où êtes-vous? mon pigeonnier de G..., ma belle chambre Louis XVI de Bleid? Finie la vie de château dans la douce et compatissante Belgique! Des gens hostiles, des locaux malpropres! Dame! il n'y a pas de quoi avoir le cœur à la joie! Je ruminais de tristes réflexions qu'une méchante tasse de café noir n'avait pas réussi à dissiper, quand je vois entrer un médecin-major de 1<sup>re</sup> classe français, revêtu du sarrau brun, bien connu de nos hôpitaux militaires; en un clin-d'œil nous échangeons nos noms : c'est un de mes grands anciens, le D<sup>r</sup> Thirion, retraité à Montmédy et réquisitionné par les

Allemands pour assurer une partie du service de l'hôpital. Il m'offre de faire mon pansement, et tout en déroulant les bandes, me raconte qu'il a tout récemment assisté aux derniers moments du médecin-aide-major Dupuy, fils d'un général de cavalerie que j'ai bien connu à Paris quand il était colonel commandant un régiment de cuirassiers. Notre héroïque confrère avait eu la colonne vertébrale brisée par un éclat d'obus au moment où, penché sur un blessé, il lui prodiguait ses soins. Il s'est fait illusion jusqu'au bout; pauvre garçon! J'avais eu fréquemment l'occasion de m'entretenir avec lui, au Val-de-Grâce, des questions de dégénérescence mentale qui, à son avis, tenaient avant tout à des insuffisances organiques, à de véritables dystrophies glandulaires.

Thirion m'ayant confirmé le peu de confort auquel je pouvais m'attendre dans cet asile misérable, dépourvu de matériel et de médicaments, et m'ayant d'autre part enlevé toute illusion sur l'espoir que je nourrissais encore de me voir échangé aux avant-postes français, je le priai de me faire un pansement confortable. Bien décidé à me faire évacuer sur une grande ville allemande, je fis demander à l'Inspecteur de l'hôpital (officier gestionnaire allemand) si des trains sanitaires seraient mis en mouvement dans la journée; on me répondit

qu'ils devaient se succéder, en séries, à partir
de midi. Mon parti était pris ; je déchirai ma
fiche d'intransportable, je me fis habiller par
mon fidèle Lucas et à 11 heures, accompagné
de D... et Pierquin, de Lucas et de l'infirmier Nicod, décidés à me suivre, je m'installai sur un banc à l'entrée de l'hôpital pour
attendre les voitures qui se rendaient à la gare ;
c'est là que je reçus la visite d'un aimable couple français, ami de Thirion et du D<sup>r</sup> Laval,
rédacteur-adjoint du *Caducée*. Mme X...,
m'apporta une succulente tasse de bouillon,
des œufs et des poires, du sucre et du pain, du
café pour mon bidon, secours providentiel !
car je ne devais plus rien recevoir de l'administration allemande jusqu'au surlendemain soir.
Une pluie torrentielle survint au moment
même où nous nous rendions à la gare ; sur la
route, de nombreuses équipes de pionniers
allemands installaient une voie de fortune
pour remplacer celle du tunnel de Montmédy
que nos troupes avaient fait sauter. A peine
à la station je me vois séparé brutalement de
mes compagnons, auxquels l'ordre fut intimé
de faire demi-tour, comme étant susceptibles
d'être utilisés pour les blessés de l'hôpital.
Seul, l'infirmier Lucas, mon ordonnance de
fortune, fut autorisé à me suivre sous le hall
des marchandises garni de blessés des deux
nations ; à mesure que les trains sanitaires

étaient chargés, d'autres blessés venus des
ambulances de la ville, ou amenés des environs par les convois, prenaient place sur la
paille dont le sol était garni. Le va-et-vient
était incessant; un buffet des mieux garnis,
desservi par des religieux allemands, alimen-
tait les blessés au passage : bouillon, café,
cacao, vin, tartines de miel, de marmelade de
pommes, lard, charcuteries variées étaient dis-
tribués à profusion aux Allemands, mais personne ne songeait à faire participer nos
malheureux compatriotes à ce copieux ravitaillement. Je m'adressai à un interprète militaire le priant de penser à nos blessés; il y
consentit d'assez bonne grâce, encore qu'un
sous-officier allemand se montrât peu favora-
ble à cette charité. Cela me valut de ce reître
grincheux l'ordre de vider le contenu de ma
sacoche d'état-major. Il fit main basse sur mes
cartes, mais me laissa les menus objets de toilette et mes petites provisions, puis il fit distribuer à nos hommes du café et quelques bonnes tartines. Nous restâmes de douze heures à
vingt-trois heures et demie sous ce hall, à
attendre notre tour de départ : un hauptman
auquel je fis demander s'il était possible de
hâter notre évacuation répondit brutalement,
en parlant à la cantonnade, que les Français at-
tendraient que tous les Allemands fussent évacués, et qu'ils partiraient s'il restait de la place.

J'étais installé tant bien que mal sur deux chaises, rongeant mon frein en silence, quand un jeune oberleutnant, blessé au pied, approcha son siège du mien, cherchant à lier conversation. Il m'annonça que l'armée allemande était à 30 kilomètres de Paris, n'ayant rencontré aucun obstacle sérieux sur sa route; que la guerre serait rapidement terminée par notre défaite inévitable :

« Vous ne pouvez imaginer, me dit-il, com-
« bien nous avons méthodiquement tout com-
« biné pour que la France soit rapidement et
« irrémédiablement réduite à merci. Il n'est
« pas possible que la victoire nous échappe;
« nous sommes organisés pour mettre sous les
« armes 8 000 000 d'hommes armés, équipés,
« exercés. Paris pris, nous nous emparons de
« Dunkerque, Calais, Boulogne, Le Havre et
« nous débarquons en Angleterre, puis nous
« refoulons les Russes et, en deux mois, tout
« sera terminé. Vous avez eu grandement tort
« de vous allier à la Russie qui vous ruine, et
« à l'Angleterre votre pire ennemie. C'est avec
« l'Allemagne qu'il fallait conclure alliance et
« nous aurions été les maîtres de l'Europe.
« Mais vous êtes victimes de votre politique,
« de votre gouvernement, et votre désir de la
« revanche vous a empêchés de connaître vos
« véritables intérêts. Votre perte est fatale et
« prochaine. »

Ce langage ne m'émut pas outre mesure; je le considérais comme un simple bluff, ignorant tout ce qui s'était passé. Il est vrai que, ce même 9 septembre, commençait la providentielle bataille de la Marne et qu'à Montmédy on ne pouvait savoir encore que l'offensive allemande allait être enfin brisée.

Vers vingt-deux heures, l'interprète allemand m'amena deux infirmiers français et une jeune fille qui arrivaient de Stenay, porteurs de sauf-conduits; ils avaient accompagné un convoi de blessés allemands jusqu'à Montmédy et devaient repartir avec nous : la jeune fille, Mlle Henriette H..., n'appartenait pas aux sociétés de la Croix-Rouge française. L'un des deux infirmiers qui l'accompagnaient était ecclésiastique, l'abbé Sevin; il me dit que Mlle H... s'était montrée très courageuse et très dévouée pour les blessés français : elle avait su les ravitailler dans des circonstances difficiles; chargée de la popote des officiers à Stenay, elle avait, au moment de la retraite, refusé de fuir pour panser et nourrir les blessés restés en arrière. Les deux infirmiers Guichard et Sevin comptent à l'ambulance 4 de la 20e Division; ils espèrent que l'autorité militaire va leur permettre de rejoindre nos avant-postes ou les rapatrier par la Suisse, en raison des services qu'ils ont rendus aux blessés allemands. Les heures passent, cinq trains sanitaires allemands ont démarré sans qu'on paraisse songer à nous; je demande à un interprète si notre tour est proche? il me répond enfin que le moment est venu. On me dirige sur un wagon de 1<sup>re</sup> classe, mais il est occupé par des officiers allemands blessés, qui refusent de donner une place; on m'installe enfin, avec l'infirmière française, un officier et trois sous-officiers allemands dans un wagon de 2<sup>e</sup> classe. Le train s'ébranle à minuit, sans que nous ayons pu obtenir le moindre renseignement sur notre destination.

Le D<sup>r</sup> B..., médecin-chef de l'ambulance N° 4 du 5<sup>e</sup> Corps, au retour de sa captivité à Ingolstadt, au mois de mars 1915, rendit hommage au courage et au dévouement de Mlle H..., dans les termes suivants :

« Je me trouvais à Stenay avec 280 blessés
« dans le plus absolu dénuement, à la caserne
« d'artillerie, occupée en partie par des blessés
« allemands, sans matériel de pansement, sans
« vivres d'aucune sorte : à mes réclamations
« incessantes les Allemands répondaient qu'ils
« n'avaient rien. La situation eût été navrante
« sans l'admirable dévouement d'une jeune
« fille de Stenay, Mlle Henriette H... qui,
« dès le début, nous avait aidés avec une ardeur
« infatigable.

« Malgré les menaces réitérées qui lui furent
« adressées, malgré les brutalités dont elle fut

« victime et les coups de feu tirés sur elle à
« plusieurs reprises, elle réussit à introduire
« à la caserne du lait, des aliments, aidant mes
« blessés et nous-mêmes à subsister jusqu'au
« moment où les Allemands firent des distri-
« butions régulières, c'est-à-dire vers le
« 5ᵉ jour. »

Le Dʳ B... ne devait pas tarder à me succéder
à Montmédy : il raconte dans son rapport
comment il y fut amené et traité. C'est une
page intéressante à lire :

« Le 11 septembre dans la soirée, le médecin-
« chef du Kriegs-Lazareth de Stenay m'an-
« nonça que mes services étaient désormais
« inutiles. J'allais être libéré. Il me conduisit
« au lieutenant-colonel commandant la Place ;
« celui-ci me dit de me tenir prêt à partir pour
« Montmédy, d'où je serais dirigé vers la
« France par la Suisse.

« Le 12 septembre, je partis pour Montmédy
« avec mes infirmiers Dupont et Dechorgnat ;
« les deux autres Guichard et Sevin, avaient
« reçu l'ordre d'accompagner le dernier convoi
« de blessés évacués ; on mit à notre disposi-
« tion une voiture et nous étions accompagnés
« par un sous-officier allemand.

« A Montmédy, le colonel commandant des
« Étapes « Etappeninspektor » me reçut de la
« façon la plus indigne. Il hurlait que nous
« étions un peuple de bandits et d'assassins ;

« que nous achevions les blessés ; que nous
« faisions usage de balles dum-dum, comme si
« les Allemands eussent été des sauvages[1] ;
« que, dans ces conditions, nous ne méritions,
« nous autres médecins, aucun égard, nous
« étions de simples prisonniers de guerre à
« traiter avec la dernière rigueur. Quelques
« instants après, je retrouvai à la citadelle le
« D<sup>r</sup> D... et quelques infirmiers, faits prison-
« niers à Gomery.

« Nous y restâmes 48 heures, presque com-
« plètement privés de nourriture et de bois-
« son ; heureusement un orage violent survint
« le second jour : nous pûmes recueillir un
« peu d'eau de pluie et apaiser la soif qui nous
« faisait cruellement souffrir. Le troisième
« jour, vers 4 heures du matin, un soldat me
« réveille brusquement et m'ordonne de le
« suivre au poste : encadré d'un peloton de
« soldats baïonnette au canon, on me conduit
« dans les fossés                     , à trois ou
« quatre cents mètres de la citadelle ; je m'y
« trouve en présence d'un officier, qui m'an-

1. Le colonel montra, à l'appui de ses dires, plusieurs
paquets de cartouches de stand, cartouches de l'ancien modèle dont les balles avaient été évidées. J'eus beau affirmer
qu'il s'agissait là de munitions de tir et que les inscriptions
portées sur les paquets ne laissaient aucun doute à ce point
de vue, le colonel ne voulut rien entendre et m'affirma que
de semblables cartouches avaient été fréquemment trouvées
dans les cartouchières de nos soldats tués ou faits prisonniers.

« nonce qu'après enquête à mon sujet, il a
« été prouvé par des témoins que j'avais tiré
« sur les Allemands : en conséquence je vais
« être fusillé! Pour la quatrième fois, j'étais
« ainsi menacé et j'eus l'impression que ma
« mort était proche. J'affirmai, sur mon hon-
« neur d'officier, que je n'avais pas tiré, ajou-
« tant que, si l'on voulait me fusiller, point
« n'était besoin d'invoquer un pareil prétexte.
« L'officier attendit un instant puis me dit :
« Ne voulez-vous pas demander pardon? on
« vous fera peut-être grâce. » Je ne répondis pas
« et j'allai m'adosser au mur en rassemblant
« toute mon énergie pour tâcher de faire
« bonne contenance jusqu'au bout. L'officier
« m'observa longuement, comme s'il épiait sur
« mon visage un signe de défaillance, puis il
« me dit brusquement : « On va continuer
« l'enquête vous concernant; venez, j'ai besoin
« de vous. » On me conduisit au gymnase de
« la citadelle où des prisonniers français étaient
« littéralement entassés : je dus servir d'inter-
« prète pour la transmission des divers ordres,
« puis on me ramena enfin dans ma chambre.
« Dans la journée, vers midi, l'ordre vint de
« nous préparer à partir pour Longuyon avec
« un convoi de prisonniers comprenant une
« douzaine d'officiers et environ 400 hommes.
« Cette étape de près de 30 kilomètres fut un
« véritable supplice, car je souffrais atrocement

« d'une de mes blessures; nous arrivâmes à la
« gare de Longuyon, à demi morts d'épuise-
« ment. En route, à Germersheim, notre
« groupe s'augmenta du D^r S..., grièvement
« blessé à Gomery. Ce fut encore une nouvelle
« torture : à tous les arrêts, la population,
« prévenue de notre passage, était rassemblée ;
« on nous criait des injures et on nous jetait
« des pierres. A Nuremberg, je fus séparé de
« mes infirmiers et dirigé avec les autres offi-
« ciers, sur Ingolstadt au fort n° 9 où une
« quarantaine de médecins français nous
« avaient précédés, et qui devait être notre
« prison... ».

# CHAPITRE VIII



SUR LA ROUTE DE L'EXIL. — DE MONTMÉDY
A MANNHEIM EN TRAIN SANITAIRE IMPRO-
VISÉ.

Le train roule doucement dans une nuit profonde ; les arrêts prolongés sont fréquents. Je
dors d'un sommeil entrecoupé ; ma voisine
s'est affaissée sur mon épaule gauche, elle y
trouve un appui ; ses yeux sont cernés de fatigue, ses lèvres séchées par l'atmosphère
lourde qui règne dans le wagon. Pauvre créa-
ture ! Sa faiblesse s'abandonne sur ma misère
et éveille en moi un sentiment de profonde
compassion.

Sur la banquette opposée, un officier prussien
miné par la fièvre, tousse lamentablement, et
chaque fois il étanche, de son mouchoir, sur
ses lèvres, une mousse sanglante. Raidi néanmoins sous son casque à pointe, dont le vernis
étincelle dans la nuit, il s'efforce de faire bonne

contenance devant les « Franzosen ». Sa poitrine, percée d'une balle, siffle lugubrement; il halète, de temps à autre, comme si la mort le prenait à la gorge!

Je souffre! Je ne sais comment placer ma jambe enraidie. O nuit, que tu es longue et sinistre! Mais pourquoi me plaindre quand je vois la misère qui m'entoure? Face à moi, est un sergent ennemi; le pansement qui recouvre son épaule fracassée par un obus, est rouge de sang qui suinte lentement; une autre blessure a mutilé sa main, horriblement! Chaque fois que le train s'arrête ou repart, la secousse brutale des tampons et des chaînes lui arrache un long gémissement.

L'infirmier Guichard, vaincu par la fatigue, dort lourdement, la face pâle, la bouche entr'ouverte; il a des cauchemars et prononce des mots incohérents. Veillée lugubre, veillée de sang, de misère, de plaintes et de douleurs. Pauvres épaves humaines, confondues pêle-mêle en ce triste convoi que nous sommes lamentables!

Mais voici qu'un jour gris se lève! Nous traversons le Luxembourg, immense bassin minier où la guerre puise inlassablement pour ravitailler ses engins meurtriers. Terre de fer, terre d'acier! Rodange, Diefferdange, Aulus, Petting, Anzel, et tant de noms que je n'ai pu retenir! Des voix féminines nous appellent :

« Où sont les Français? » De braves cœurs viennent à nous, des mains secourables nous tendent en hâte du pain, du chocolat, du café, des cigarettes!.... Mais une consigne brutale interrompt bientôt l'œuvre de charité si douce à nos cœurs meurtris.

« *Heraus! heraus*! (Sortez! sortez!) » crient nos gardiens irrités; on pousse vers les barrières les amis d'un jour, et le train se hâte à nouveau vers la terre d'exil.

Mais avant                          , nous avons la douceur et l'amertume aussi de fouler le sol d'Alsace. Voici Thionville, aujourd'hui Diedenhoffen!!! A perte de vue, des réseaux de fil barbelé encerclent la ville, coquettement étalée dans la plaine. Des cheveux blonds apparaissent aux portières, sous les grands papillons noirs; des bras blancs nous tendent du bouillon chaud et parfumé. Le wagon secoue sa léthargie. Nos cœurs tressaillent, et nous remercions avec des larmes nos sœurs d'Alsace si secourables aux pauvres blessés! Une voix impérieuse trouble ces effusions passagères : c'est un sous-officier allemand qui ordonne à tous les valides de descendre sur le quai. Mlle H... proteste; elle montre sans succès le laissez-passer du major allemand de Stenay; on lui enjoint de descendre avec l'infirmier Guichard et mon ordonnance Lucas. Je proteste en faveur de ce dernier et je demande à parler à un officier pour lui exposer ma situation spéciale. L'officier se présente correctement, et je lui explique que Lucas est couvert, comme moi, par la Convention de Genève, qu'il m'est indispensable, vu mon impotence presque absolue. « Vous pouvez le garder, oui, vous pouvez le garder », me dit aimablement l'officier.

Je vois s'éloigner, entre quatre baïonnettes, Mlle H... et ses compagnons, les infirmiers Guichard et Sevin; ils m'adressent un regard éploré et un geste d'adieu.

Des brancardiers descendent les blessés du compartiment, sauf un sous-officier légèrement atteint, Lucas et moi. « Où allons-nous! — A Carlsruhe, » me dit-on. J'aperçois, sur le quai de la gare, clopinant sur un pied, l'officier allemand qui m'a documenté, sous le hall de la gare de Montmédy, sur les ressources de l'invasion.

Le train s'ébranle à nouveau et file à toute allure dans la direction du Palatinat; je m'assoupis un instant. A mon réveil, la pluie cingle les vitres. A chaque gare, je suis l'objet de la curiosité la plus vive : des femmes, des enfants, des soldats accourent pour voir le *General-Arzt franzose*. Les figures les plus variées s'encadrent aux portières, les unes souriantes, d'autres haineuses, menaçantes.

A Dillingen, pendant l'arrêt du train, les

jeunes filles, femmes, jeunes garçons et vieillards nous invectivent à l'envi! Ils nous crient que nous n'avons aucun secours à attendre « ni aliments, ni boissons, *kein Trunk! keine Speise!* » Une blonde dont les cheveux de lin surmontent un corsage de soie écarlate essaie de m'atteindre avec le bout de son ombrelle. Elle crie : « Je ne peux pas sentir les Français, ils sont trop vilains. » Tout à coup des pierres, des débris de briques volent contre nos compartiments, brutal témoignage d'une haine populaire qui se déchaîne. On se hâte de pousser les portes des wagons, le train s'ébranle rapidement pour nous soustraire aux outrages de cette populace ameutée. Je songe un peu tristement aux souvenirs laissés par Turenne dans cette partie du Palatinat, aux incendies des villages, aux femmes violentées, il y a plus de deux siècles, et je pense que la justice immanente veut que nous en payons aujourd'hui la rançon. O guerre, triste guerre! Tu seras donc toujours la même! Excès, ravages, châtiments, tout se reproduit inexorablement!

Mais le ciel se couvre de gros nuages; bientôt la pluie crépite sur le toit du wagon : je m'endors d'un sommeil lourd, entrecoupé de pénibles cauchemars.

A mon réveil je trouve le compartiment en gaîté. Nous avons un nouveau compagnon de route; c'est un Wurtembergeois, courtaud, obèse, à face truculente dans une barbe grise. Il mange et cause sans arrêt. Après m'avoir salué, il me raconte qu'il est chef de musique (Kappelmeister), de nature sensible et débonnaire ; que la guerre est une chose horrible et écœurante ; que le cheval est absolument contraire à sa santé ; que les secousses du trot lui ont décroché quelque chose dans le ventre ; sa digestion en est fort troublée, ce qui a motivé son évacuation ; il va enfin revoir sa femme, ses enfants, et ne dissimule pas sa satisfaction. Le brave Lucas lui ayant dit qu'il jouait de la clarinette, il ne se possède pas de joie et l'interroge sur ses morceaux préférés, ses auteurs favoris. Il en énumère une série, Mozart, qu'il prononce Mòçarte! Bethôf (Beethoveen), Bach, etc.... Il module ou sifflote chaque morceau auquel il fait allusion en dodelinant de la tête et en battant la mesure du doigt et du pied, et interpelle Lucas avec un large rire qui plisse ses paupières et fait paraître ses yeux tout petits. « Toi Kamerad, toi musicien comme moi; toi bon ami, toi venir après la guerre faire musique avec moi! » A chaque arrêt du train, il tend les deux mains aux jeunes filles qui distribuent aux blessés des aliments et des boissons. Il boit, il mange, tout lui est bon : saucisses variées, gâteaux secs ou tartes aux fruits, bouillon, œufs frais, cacao, café; il bourre ses poches, encombre le filet de ses provisions; il est bruyant, jovial, s'attire de nombreux lazzis, et y riposte avec malice. On l'interroge sur sa blessure? Il montre son ventre et dit : « C'est là dedans que ça ne va pas, vous comprenez, c'est le cheval qui a tout détraqué! » Mais il ne perd pas un coup de dent et tout le monde est mis en gaîté par ce gros Falstaff gourmand, goguenard et bonhomme. Il n'est pas égoïste, il répand ses provisions parmi nous et tend à nouveau les mains au dehors : « Pour les Kamerades » dit-il, et les délicatesses de pleuvoir dans le compartiment! Aux arrêts dans les gares, il me présente aux nombreux curieux arrêtés à mon wagon; il les gourmande, leur reproche d'être encombrants, gênants pour ce brave *General-Arzt Franzose* — qui a reçu une balle dans le genou. Une jeune fille s'apitoie : « Comme c'est triste qu'on blesse aussi les médecins! » Et ses yeux très doux, pleins de pitié, me consolent des injures proférées à Dillingen.

Nous traversons successivement Neukirchen, Hombourg, Landshut, Kaiserslautern, Hochspeyer, Neustadt, Speyer.

La verve de notre Kapell-Meister ne tarit pas; elle est énervante et finit par lasser tout le monde; on ne lui répond plus : il mange toujours, et finit par s'endormir. La nuit est venue me débarrasser de la curiosité obsédante de la foule. Je dois reconnaître que, d'une façon générale, les nombreux visiteurs m'ont témoigné une certaine déférence. Militaires, civils, employés de chemin de fer, personnel de la Croix-Rouge se bornaient à répéter : « *General-Arzt franzose! General-Arzt franzose. Er ist gewundet!* Un général médecin français blessé ! »

On se bornait à compter mes galons sans autres réflexions. Ma Croix de la Légion d'Honneur, mon équipement, en cuir fauve, ma tenue correcte, mon pansement visible au travers de ma culotte fendue sur le côté, la présence d'un serviteur à mes côtés paraissait m'assurer le respect de tous. Quelques soldats, les officiers me saluaient après m'avoir considéré quelques instants. Au total, les réflexions désobligeantes furent rares. La discipline étroite, le respect du grade et de la fonction se faisaient nettement sentir dans cette curiosité assez naturelle et généralement déférente et silencieuse. Quand les curieux devenaient encombrants, le Kapell Meister, les blessés allemands de mon compartiment faisaient eux-mêmes la police à la portière en tirant les rideaux. Nulle part je ne fus l'objet de fouilles intempestives; au départ seulement à Montmédy on me fit sortir le contenu de ma sacoche d'État-Major; mes cartes me furent retirées, mais on me laissa tous mes objets personnels, même ceux qui avaient de la valeur, comme ma montre, mon couteau de poche, etc....

Notre train erre à nouveau dans la nuit avec des arrêts interminables! De Landshut, il remonte à Schifferstadt, puis à Ludwigshafen. De Ludwigshafen, il redescend à Speyer et arrive enfin vers neuf heures du matin à Germersheim, place forte importante (Festungkriegs) de la vallée du Rhin. Trois trains sanitaires permanents, venus de Bavière, sont stationnés sur les voies de garage. Un nombreux personnel en descend et vient à nous, dirigé par un pharmacien qui s'exprime très aisément en français. Il m'aborde d'un air narquois et me dit que la Convention de Genève ne sera pas observée en ce qui concerne les médecins, que je serai probablement dirigé sur la forteresse de Bruckshall, comme les autres officiers; que peut-être dans la suite on procédera à des échanges.

Il paraît prendre un malin plaisir à m'apprendre que le gouvernement français a quitté Paris pour s'installer à Bordeaux; que la cavalerie allemande patrouille dans la banlieue de Paris; que les troupes allemandes occupent tous les grands ports du nord-ouest de la France, Dunkerque, Calais, Boulogne. La flotte anglaise n'a pas osé se mesurer avec celle de l'Allemagne. Trois corps d'armée

russes, acculés à d'immenses marais, ont dû
se rendre. Anvers est assiégé, le roi des Belges
s'est réfugié à Londres; nos alliés n'ont rien
pu pour nous sauver. Il reconnaît que les
colonies allemandes sont en péril, que leurs
bateaux marchands sont arrêtés dans tous les
ports, que l'Allemagne dépense 60 millions
par jour pour soutenir cette lutte gigantesque,
qui ne saurait durer. Sa vantardise et sa
faconde se donnent libre jeu devant cet audi-
toire amusé.

« A quoi vous ont servi les milliards prêtés
à la Russie? dit-il en manière de conclusion.
Quant à l'aide des Anglais, vous en saurez le
prix quand sera venu le moment de régler les
comptes. Vous pouvez vous attendre à voir
ce peuple de marchands vous réclamer un
honnête courtage. D'ailleurs la politique
étrangère n'a jamais été votre affaire et vous
n'avez pas su comprendre l'intérêt majeur que
vous aviez à une alliance allemande. »

Après avoir jeté sa gourme, l'apothicaire,
content de son sermon, devient plus aimable
et daigne me confier qu'il a passé l'année 1913
dans les laboratoires de l'Institut Pasteur où
il a travaillé avec Borel et Metchnikoff; puis il
s'éloigne pour vaquer à ses occupations, me
laissant assez décontenancé de ce flux de mauvaises nouvelles. A ce moment même, sur la
voie latérale à la nôtre, défile un convoi qui

me semble interminable; j'y compte 38 canons
de 75 avec leurs caissons plus ou moins éventrés! Des trains bondés de voyageurs civils et
militaires suivent; de toutes les fenêtres, des
poings se dressent vers nous, menaçants; les
mains font le geste de nous fusiller ou de nous
percer à la baïonnette; femmes et hommes
insultent à l'envie notre misère. Peuple de
lâches et de bourreaux! Et dire que, depuis
notre départ de Montmédy, l'autorité allemande ne nous a fait distribuer aucun ali-
ment, aucune boisson et n'a rien fait pour
nous éviter les outrages! Vers midi et demi
cependant, un infirmier allemand m'apporte
un billet du bavard apotheker; il est ainsi
conçu : « Mon Major, voulez-vous quelque
chose pour dîner ». Je réponds au crayon :
« Volontiers, un peu de pain et de viande et
un verre de bière ». Quelques instants après,
l'ordonnance revient portant sur un plateau
du veau rôti, de la salade de pommes de terre
et un verre de vin blanc. Mon amphytrion a
écrit sur le billet la mention suivante : « Il n'y
a pas de bière, je vous envoie du vin blanc;
vous donnerez 1 fr. 50 à l'ordonnance. »
Cette mention, encore lisible, a été effacée
d'un trait au crayon pour lui substituer le mot
de *deux francs*, écrit en gros caractères. Je
m'empresse de remettre au soldat la belle
semeuse de Roty, objet de la convoitise de

l'apotheker, et j'insère précieusement le billet dans mon portefeuille.

Et voilà comment, le 12 septembre 1914, j'ai été invité à déjeuner par un pharmacien militaire allemand.

Le champ de manœuvre de Gemersheim s'étend, à perte de vue, non loin de la voie ferrée ; j'ai la douleur de voir s'y rendre une file interminable de pièces d'artillerie lourde de campagne. Et je songe bien tristement à nos pauvres 75 mutilés et prisonniers !

Notre train stationne depuis bientôt cinq heures sous un soleil brûlant ; je somnole, à demi congestionné, quand une explosion soudaine me ramène à la réalité ; un jeune officier allemand, drapé dans un long manteau gris, paraît à la portière et m'ayant salué militairement, me dit en mauvais français : « C'est un taube français qui a lancé une bombe sur l'école ! » Ce reproche me cingle, et je réponds du tac au tac la phrase que nos ennemis nous ont si souvent répétée : « *Es ist Krieg!* C'est la guerre ». Mon interlocuteur trouve probablement ma réponse très naturelle, car sans rancune, il poursuit la conversation : il m'annonce que dans le train se trouvent quelques blessés français qui ont besoin d'être

14

pansés, et m'offre de mettre à ma disposition
un infirmier et du matériel. Bien qu'un peu
surpris d'apprendre que les nombreux confrères allemands des trains sanitaires stationnés à Gemersheim n'ont pas offert leurs services, je m'empresse de me faire hisser dans
le wagon où sont déposés sur une paille, hélas!
parcimonieusement mesurée, quelques grands
blessés français, et, malgré la gêne considérable
qui résulte de ma blessure au genou et de mon
appareil plâtré, je procède à quelques grands
pansements; l'infirmier allemand, très habile
et très attentionné, me sert aussi adroitement
que possible. Au bout de quelques minutes,
je suis en nage, mes oreilles bourdonnent, je
suis pris de vertige! je relève la tête pour
dégrafer mon col, et je m'aperçois que je travaille devant une galerie d'officiers et de médecins allemands qui me regardent avec un sourire narquois. Un flot de sang me monte au
visage, tellement je suis outré de leur conduite;
j'aurais respiré un flacon d'éther que l'effet
n'en aurait pas été moins rapide et efficace....
Ma faiblesse momentanée a complètement
disparu et je continue les soins à mes braves
compatriotes, ne sentant plus ma fatigue, mais
simplement un dégoût intense pour les misé-
rables, qui trouvent plaisant de voir un blessé
soulager la souffrance de ses compagnons
d'infortune!

Chers blessés! Ce sont des chasseurs du 26ᵉ, armée du général d'Amade; de petits Saints-Cyriens, imberbes et blonds; des fantassins du 7ᵉ Corps, tous patients, courageux, résignés dans leur souffrance, pleins de reconnaissance pour le soulagement que leur apporte leur compagnon de douleur et d'infortune. Cette scène terminée, on me hisse à nouveau dans mon wagon : mon conducteur, qui paraît avoir pitié de ma fatigue, me cause quelques instants : « Gemersheim, me dit-il, est un grand camp retranché qui sert de camp d'instruction, 90 000 hommes y sont présents. » Il ajoute que 2 millions et demi d'hommes de la landwehr sont encore dans les dépôts, prêts à gagner le front. L'Allemagne et l'Autriche auraient 14 millions d'hommes sous les armes répartis en 125 corps d'armée. Il m'explique qu'en Belgique, on a dû se livrer à de pénibles représailles à cause des corps de francs-tireurs qui leur font perdre beaucoup d'hommes. De tous les alliés, les Français sont les seuls qui se battent réellement avec courage, aussi l'Allemagne serait prête à traiter à part avec la France.

Je voudrais bien connaître le lieu de notre destination : l'officier l'ignore; il me quitte en souhaitant bon voyage. J'ai su plus tard qu'il avait signalé ma présence au jeune aide-major S... qui se trouvait arrêté par une hémorragie dans une ambulance de Gemersheim.

L'horloge de la gare marque dix-sept heures !
Un piquet arrive, laisse une sentinelle devant
mon wagon ; elle charge ostensiblement son
arme. Un sous-officier lui donne cette courte
consigne : « Si le prisonnier cherche à s'évader
tirez dessus. » C'est énergique et simple, nous
sommes prévenus ! Nous voilà donc trois dans
le compartiment, le train se met enfin en marche ;
après un stationnement de huit heures, c'est
un véritable soulagement. Nous traversons le
Rhin sur un beau pont métallique ; hélas ! ce
n'est pas ainsi que je l'avais rêvé, ce passage du
Rhin allemand ! Blessé et captif, sous la garde
d'une sentinelle allemande. Quelle dérision !
J'interpelle notre landwehrien dans sa langue :
mon ordonnance lui offre une cigarette, je
l'invite à déposer son fusil, à s'asseoir. Il me
regarde curieusement, hésite, puis se décide et
ôte même son casque. C'est un brave troupier
père de famille, qui regrette son foyer, sa
femme, ses enfants ; il sympathise volontiers
avec nous et nous traduit son état d'âme par
cette formule lapidaire : « *Gestern Feind, heute
Freund* : ennemis hier, amis aujourd'hui. »

Le convoi roule au milieu de plaines basses,
marécageuses, nous traversons Rheinsheim,
Philippsbourg, Graben, etc... On y stationne
longuement ; notre sentinelle est doublée avec
le même cérémonial qu'à Gemersheim. Le
nouveau venu est un peu plus rogue que son

voisin, mais il se déride également après quelques instants et s'assied. A chaque gare, nos deux gardiens rectifient leur tenue et prennent des airs barbares; c'est une vraie comédie qui m'aurait bien fait rire en d'autres circonstances, mais je suis las, très las.

Le jour tombe, des nuages s'amoncellent, la pluie commence à battre les vitres; peu à peu je m'endors. Le fidèle Lucas vient d'apprendre qu'on nous dirige sur un lazareth de Mannheim.

Je me réveille brusquement. Nous sommes sous l'immense hall de la gare; le tonnerre roule au-dessus de nos têtes, une pluie diluvienne s'abat sur la ville. Notre portière se garnit de curieux que nos sentinelles écartent et empêchent de monter. Après une longue attente, un médecin civil et trois confrères militaires se présentent à l'entrée du compartiment et me saluent fort courtoisement. Mon arrivée leur a été signalée; on me conduit à une élégante automobile qui nous entraîne rapidement vers le centre de la ville. Je décline mes noms et qualité et je suis tout surpris de me voir répondre que mon nom est connu, ainsi que mes travaux sur la psychiatrie. Mes confrères s'étonnent de m'entendre parler allemand; ils prétendent que je prononce la langue très durement, comme un Prussien; le docteur Seubert parlemente avec ses confrères militaires qui voudraient me conduire à l'hôpital de la garnison ; il insiste pour m'offrir l'hospitalité dans sa clinique gynécologique, à la maison-mère des Diaconesses, transformée en annexe de l'hôpital militaire. Il est vingt heures.

Nous pénétrons dans le Diakonissen-Haus (Maison des Diaconesses), et, au premier étage, je trouve réunis dans la chambre qui m'est destinée le directeur de l'établissement, le pasteur Haag, la Supérieure (die Oberinne), Mme von C..., la sœur Gretchen, chargée de mon service. M. Haag me souhaite la bienvenue assez cérémonieusement et me demande de rédiger, sans plus tarder, une déclaration par laquelle je m'engagerai à ne pas chercher à fuir de la maison, *sans quoi il pourrait m'arriver les plus grands désagréments !*

Je ne peux m'empêcher de sourire à cette formule, car je me doute un peu de la nature de ces désagréments éventuels. Le mur du cimetière de Gomery est encore très présent à ma mémoire. Le pasteur ajoute aimablement : « Plus vous parlerez allemand dans cette maison, mieux vous serez ! »

Un fonctionnaire militaire recueille une série de renseignements d'identité sur ma personne et m'annonce qu'il faut me séparer de mon fidèle Lucas, qui, d'après les ordres du commandant de place doit être incarcéré demain à la citadelle. Sur ma protestation le docteur

Seubert m'engage à prendre patience et me promet d'obtenir l'élargissement rapide de mon compagnon de misère.

Un lunch composé de thé, de viandes froides et de saucisson nous est servi ; nous y touchons à peine. Nouvel échange de congratulations, et je me trouve enfin seul, rompu, harassé de fatigue. Il y a soixante heures que j'ai quitté Montmédy. Sœur Gretchen m'aide, ainsi que Lucas, à me déshabiller et à gagner mon lit, puis elle disparaît en donnant à notre porte deux tours de clef discrets.

C'est la prison dorée! Mais c'est la prison tout de même!

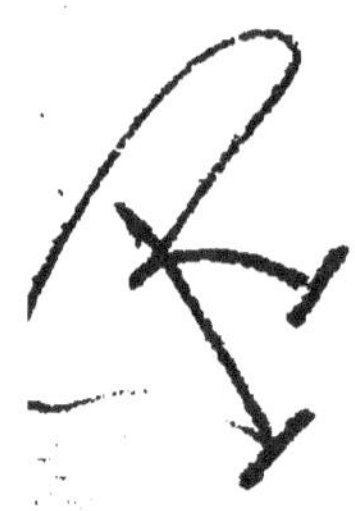

# CHAPITRE IX

## LE DIAKONISSEN-HAUS. — LA VILLE DE MANNHEIM, VUE D'UNE FENÊTRE DE LA CLINIQUE.

*13 septembre 1914.* — Une véritable tempête de vent agite ma fenêtre et me réveille ; il fait grand jour ! J'ai bien dormi dans ce bon lit de malade, douillet et coquet ! Et voilà qu'en ouvrant les yeux, en face de moi, sur un panneau qui surmonte la porte, je lis cette inscription pieuse et réconfortante :

« *Mit heimiger Gnade, will ich mich deiner* « *erbarmen, sprich der Herr !* » « Avec une « familière bonté, je veux avoir pitié de vous, « dit le Seigneur. »

On frappe ! c'est sœur Gretchen qui apporte le déjeuner : du café au lait, des petits pains de gruau, un brechtel (gâteau sec parsemé de gros sel).

Sœur Gretchen est haute et forte, comme il

convient à une Badoise, elle a le teint coloré,
une expression intelligente et douce : elle évo-
lue sans bruit et s’annonce par un aimable :
« *Morgen* ! bonjour ! »

Vers neuf heures du matin, le chirurgien de
la maison, le docteur Seubert entre avec ses
aides ; il défait mon pansement, regarde atten-
tivement les orifices d’entrée et de sortie du
projectile et dit simplement en très bon français : « Vous avez eu de la chance que la rotule
« n’ait point été brisée : je vous ferai radiogra-
« phier pour voir s’il n’y a pas de fissure au
« niveau du condyle externe. »

Il paraît pressé et ne demeure à mon chevet
que le temps strictement nécessaire au pansement.

Je n’ai pas voulu déjeuner, ayant un véritable
embarras gastrique et quelques douleurs de
ventre. Sœur Gretchen, sur ma demande,
m’apporte un peu de bouillon maigre (*Wasser
suppe*, soupe à l’eau), et je m’administre quelques gouttes de laudanum.

A treize heures, une petite troupe composée
d’un médecin, de deux infirmiers et de deux
soldats de la landsturm viennent chercher
Lucas pour le mener à la forteresse. « *Es ist
Krieg !* c’est la guerre, me dit en riant le médecin, il n’y a plus de convention de Genève ! »
Cette plaisanterie de mauvais goût, n’ayant
même pas le mérite de la nouveauté, je la laisse

sans réponse. Je dis au revoir à Lucas, qui n'est pas très rassuré, et je lui fais emporter dans sa musette le dîner auquel je n'ai pas touché.

Quatorze heures sonnent : l'orgue de la chapelle se fait entendre, accompagnant le chant des hymnes ; les convalescents de la clinique alternent les strophes avec les diaconesses ; l'ensemble est fort harmonieux.

A l'issue de l'office je reçois la visite de l'assistante, sœur M...., qui m'apporte des journaux illustrés. Elle sait quelques mots de français ; elle a séjourné à Cannes pendant plusieurs mois ; son frère étudiait en Sorbonne, à la même époque.

Un jeune étudiant de la clinique succède à sœur M.... ; il ne comprend pas un mot de français ; nous avons grand'peine à soutenir la conversation. Halter Achtnich est tout à fait aimable et complaisant ; il m'offre de faire partir mes lettres et de me prêter quelques livres.

A peine est-il sorti qu'une jeune sœur converse, aux cheveux d'un blond ardent, sœur Frieda, se présente avec un plateau de tartelettes et du café au lait, c'est un goûter des plus substantiels, auquel j'ai le regret de ne pouvoir faire honneur.

Ma chambre est celle d'une clinique chirurgicale bien comprise ; les parois sont lisses, les angles arrondis, tout est ripoliné ; le sol est en xylolithe, où alternent des carreaux blancs et bleu foncé ; le lit, les chaises sont métalliques, ainsi que les tables, recouvertes de plateaux en lave émaillée. Deux oreillers plats, de dimensions inégales remplacent le traversin ; le drap de dessus a son revers boutonné sur la couverture, dispositif ingénieux qui l'empêche de se froisser.

Un paravent métallique dissimule dans un angle un meuble intime absolument indispensable, puisque je suis condamné à ne pas sortir, même dans le couloir !!! Chauffage central, éclairage et appel électriques complètent, avec la garniture de la fenêtre, en toile cirée couleur crême, l'ensemble très moderne de cette chambre de clinique.

Vers le soir, je demande à sœur Gretchen de bien vouloir me laver les pieds ; elle s'empresse d'apporter le matériel nécessaire, et pendant qu'elle me rend ce service, bien nécessaire hélas ! je l'entends marmotter quelques mots sur un ton de profond étonnement ! Je finis par comprendre.... « *Wie die Füsse kleine ! Wie* « *die Füsse kleine !* Comme vos pieds sont pe- « tits ! Comme vos pieds sont petits ! » Je ne puis m'empêcher de rire, car elle, la pauvre sœur, doit chausser du 44 pour le moins !

*14 septembre.* — Il pleut, il pleut lamentablement ! J'écris des lettres, de longues lettres, à ma femme d'abord, en me servant du professeur Bard, de Genève, comme intermédiaire; puis à mon bon ami, le médecin inspecteur Troussaint, au ministère de la Guerre.

Une visite de l'Oberine, Mme Von C..., interrompt, vers dix heures, ma frénésie épistolaire; elle me demande si je suis satisfait des services de ses sœurs et me conseille de rester le plus longtemps à la clinique pour éviter d'aller en forteresse. Cette mesure d'incarcération vis-à-vis des officiers, même des médecins, a été décidée comme représailles des évasions nombreuses accomplies en 1870 par des officiers qui avaient donné leur parole d'honneur de rester en Allemagne! Nos ennemis ont bonne mémoire et longue rancune.

Le docteur Seubert et Halter Achtnich me font une visite très courtoise; ils s'offrent à me changer de l'or contre des marks, à me procurer un Worterbuch (petit dictionnaire). Achtnich me prête un beau livre : *La vie de Bergmann, célèbre chirurgien allemand*, d'après ses lettres écrites en 1866-70-71-72. Celles datées de Mannheim (août, septembre 1870) semblent écrites d'hier: mêmes difficultés pour le relèvement rapide des blessés après Saint-Privat, Rezonville, Sedan; même pénurie de bons chirurgiens, retard des trains, élan merveilleux des efforts privés, même charité réconfortante dans les gares. L'histoire se renouvelle, sans changer notablement de caractère.

Mme Von C... revient le soir me prévenir doucement « qu'il ne faut pas ouvrir ma fenêtre pendant la nuit : c'est tout à fait interdit. » Je ne me croyais pas si coupable et moins exactement surveillé. J'avais presque oublié que j'étais prisonnier! Les deux tours de clef de la porte me rappellent à la réalité.

*15 septembre.* — Le docteur Seubert m'apporte le petit dictionnaire de poche franco-allemand et refuse tout paiement : « C'est le « cadeau d'un ennemi, dit-il, vous voudrez « bien cependant le conserver en souvenir de « moi. » Il me prête également un rasoir, de marque anglaise, pour ma toilette.

La nouvelle du jour, est la défaite de l'armée russe, en Galicie, à Lemberg; c'est l'Oberine qui me l'annonce. Je lui raconte les atrocités commises à Gomery sur nos blessés. Elle se refuse à y croire; puis, un peu mortifiée, elle finit par dire que les Belges et les Français en ont sûrement fait autant.

Vers le soir on me change de chambre : ma nouvelle demeure est à l'angle de la maison, à l'intersection de la rue de l'Académie et du Luisin-Rinck (boulevard de la Princese-Louise), belle et large avenue desservie par un tramway électrique, bordée de hautes et élégantes maisons en pierre de taille.

Sœur M... succède à la supérieure; elle me

raconte son origine, son existence, elle est née dans l'île d'Héligoland. Actuellement elle est chargée de cours pour les jeunes diaconesses ; en été, elle dirige un sanatorium installé dans la Forêt Noire pour les sœurs atteintes de maladies nerveuses : il y a beaucoup d'hystériques et de neurasthéniques parmi ces religieuses.

Sœur M... a la poitrine très délicate et a besoin de sérieux ménagements. C'est un cœur d'or..., elle m'apporte des journaux en cachette, puis de superbes fruits : raisins, pêches, prunes, qu'elle dissimule sous son tablier pour ne pas être vue des officiers allemands blessés, qui encombrent le couloir.

A vingt heures coup de théâtre ! On me ramène Lucas qui sort de la citadelle. Il est frais et rose, propre comme un sou neuf ; il a profité de sa captivité pour détacher ses effets avec de la benzine !

*16 septembre.* — Je suis réintégré, dès le matin, dans ma première chambre avec Lucas pour faire place à un médecin français, le médecin-major de 1re classe Favier, arrivé la veille de Longwy, en assez piteux état.

Sœur M... m'annonce que les Russes ont été complètement refoulés d'Allemagne sur leur propre territoire, dans la vallée du Wechsel : elle me remet, de la part de sa Supérieure,

un superbe atlas de Julius Perth, imprimé en
1832. A sa visite du soir, l'Oberine, qui s'exprime très aisément dans notre langue, me raconte qu'elle a eu comme institutrice jusqu'à
l'âge de 12 ans, une Française, Mme Fée, reti-
rée plus tard à Nancy et qui, chaque année,
jusqu'à sa mort survenue il y a quinze ans,
venait voir à Berlin, puis à Mannheim, son
ancienne élève. Elle l'appelait toujours : « Ma
mignonne » et lui a appris à aimer la France
et les Français !

Le docteur Seubert m'annonce que mes
plaies vont bien; il enlève définitivement ma
gouttière plâtrée et me recommande de com-
mencer des flexions légères du genou. Il me
permet de m'étendre sur une chaise longue
que je fais installer près de la fenêtre. De là,
j'observe aisément ce qui se passe dans le carrefour où se croisent la rue de l'Académie
(Académie Strass) et le boulevard de la Prin-
cesse-Louise (Luisin-Rinck).

C'est ainsi que j'ai pu, au cours de longues
heures, étudier la ville de Mannheim. Sœur
M... a bien voulu compléter ma documentation
sur cette grande ville badoise; je livre le tout
à mes lecteurs.

Mannheim est une grande ville commerçante,
située à l'extrémité nord du grand-duché de
Bade, au confluent du Rhin et du Neckar, qui
traverse auparavant la ville d'Heidelberg. Les

industries du fer et automobile y attirent une quantité considérable d'ouvriers; la population compte 260.000 habitants. Les beaux quartiers y sont rares et occupés par de riches commerçants ou des banquiers juifs; quelques rues sont bordées de belles maisons de pierre de taille, ou d'hôtels en briques rouges, d'architecture visant au gothique, le « Luisin Rinck », par exemple, sur lequel donne une des façades du « Diakonissen-Haus », où je suis soigné et interné.

Des tramways électriques à trolley circulent constamment dans les grandes artères, mais sauf aux heures des repas, leurs clients sont actuellement rares; d'ailleurs, l'animation habituelle a disparu avec le départ de la majeure partie de la population masculine. La ruée vers la France n'a laissé que les vieillards, les infirmes et les malingres.

D'une façon générale, la race badoise m'a toutefois paru superbe. Les femmes ont une belle prestance et d'harmonieuses proportions; à voir la richesse de leurs hanches, on comprend aisément leur fécondité, et on ne s'étonne plus du nombre et de la belle santé des enfants innombrables qu'elles promènent maternellement dans de délicieuses et légères petites voitures, dès qu'un rayon de soleil apparaît; les plus âgés forment de joyeuses bandes; depuis le 15 septembre, nous les voyons se rendre à l'école, ou en revenir quatre fois par jour; les fillettes portent invariablement leur sac sur le dos d'une façon toute militaire, alors que les garçons le tiennent sous le bras, détail qui nous amuse, parce qu'en France c'est la coutume opposée; beaucoup de brunettes parmi les petites Badoises, avec des frimousses intelligentes et éveillées; fort peu d'enfants sont accompagnés, sauf dans la classe élevée. Dans leurs moments de loisir, les garçons jouent invariablement au soldat; ils font la petite guerre avec marches, combats, relèvement ou achèvement des blessés, suivant la disposition du moment, absolument comme leurs papas... Les garçons, même les plus jeunes, dès l'âge de quatre ans, portent, sans exception, la casquette plate militaire, à visière, avec bandeau de couleurs variées, mais toujours vives. L'enfant est militarisé de bonne heure; la famille et l'école contribuent à lui donner l'esprit guerrier qui l'animera plus tard; tous chantent les mêmes hymnes patriotiques et religieux qui mènent leurs pères au combat et souvent à la victoire!

D'une façon générale, Badois et Badoises ont l'amour des couleurs voyantes; on ne voit que manteaux rouges, verts, jaunes, bleus, violets, toujours de teintes nettement tranchées; il en est de même des chapeaux. Dans le peuple, les femmes vont nu-tête; mais, aussi matinale que soit l'heure, elles sont toujours mises avec un ordre parfait et une certaine coquetterie, surtout en ce qui a trait à la coiffure et au linge apparent. Les bonnes qui se rendent au marché avec leur inévitable panier, sont, comme on dit vulgairement en France, « tirées à quatre épingles ». La midinette badoise copie, sans exagération, la mode de Paris : robe en cheviotte bleue, genre tailleur; aigrette ou plume hardiment plantée sur le devant du chapeau, petit sac à la main ou au guidon de la bicyclette, car beaucoup d'employées ou demoiselles de magasin arrivent ainsi à leur travail; elles suspendent leur chapeau et leur réticule au guidon quand il fait grand vent; la majeure partie de la population se sert, d'ailleurs, de bicyclettes. Dans la classe élevée, la tenue est élégante et correcte.

Le caractère des Badois est aimable, enjoué même, la physionomie généralement ouverte et loyale, le regard vif et intelligent. Tous les hommes ont une allure martiale que leur casquette à visière renforce encore s'il est possible. Le soldat porte beau; il est fier de son uniforme, toujours d'une propreté méticuleuse, correctement ajusté, sans aucune tendance à l'aspect négligé ou débraillé que nous voyons trop souvent en France.

Le matin, le mouvement des rues ne commence guère avant huit heures : on voit arriver les carrioles de la campagne voisine avec des fruits, des légumes, des sacs de céréales; les chariots sont absolument identiques à la longue voiture lorraine à ridelles. En ville, le nombre des véhicules laissés par la réquisition est peu considérable; ce sont généralement de grands camions plats qu'on attelle le plus souvent avec un seul cheval, faute de mieux; encore ces animaux sont-ils âgés; c'est ainsi que l'on transporte le charbon, le coke, les tonneaux de bière. La toilette des rues se fait de huit à dix heures par des cantonniers âgés et des femmes du peuple; ce travail est accompli avec méthode, et une régularité toute militaire : une équipe balaie la chaussée, forme des tas d'ordures qui sont enlevés de suite par un cantonnier poussant une voiture métallique ouverte par deux panneaux au moment de s'en servir, et soigneusement refermée aussitôt après, de telle façon qu'on ne voit voltiger aucune poussière malsaine, comme le fait s'observe quotidiennement à Paris. Ce sont surtout des femmes qui pratiquent actuellement le balayage des trottoirs et de la chaussée. Bien que de très humble condition, elles sont toujours proprement et décemment ajustées. Quant aux hommes, avec leur casquette militaire et leur brassard, ils ont l'air de fonctionnaires et accomplissent leur travail en silence, avec un véritable sentiment de leur importance.

Le service des boulangeries est fait à domicile par des jeunes gens de douze à dix-huit ans, montés sur des bicyclettes et portant, ajustées par des courroies sur leur dos, des hottes en paille blanche, dans lesquelles se trouvent des pains bis de forme ronde, des petits pains de gruau et des bretchels.

Il n'y a de réel mouvement dans les rues qu'aux heures de rentrée et de sortie du travail : à huit heures, à midi, à quatorze heures, à dix-neuf heures; à ce moment, bicyclistes et piétons affairés se succèdent et se croisent sans interruption. Mais dès vingt heures, tout bruit cesse, les nuits sont d'une tranquillité absolue. Le calme habituel de la cité n'est, d'ailleurs, troublé que d'une façon très exceptionnelle par des détachements d'hommes de la Landwehr ou de la Landsturm, qui partent en chantant un hymne guerrier que j'ai entendu bien souvent depuis que je suis en Allemagne.

Ces jours-ci, les cloches sonnent fréquemment, même dans le milieu de la journée. Elles accomplissent leur rôle habituel : *Vivos voco: mortuos plango!!!* Le nombre des enterrements est considérable depuis le commencement de la guerre. Mannheim possède en ce moment plus de deux mille blessés allemands ou français dans les hôpitaux ou les cliniques, amenés soit par des trains sanitaires, soit par des convois de bateaux sur le Rhin, et la proportion des décès est relativement considérable. Dans le seul régiment de grenadiers badois, n° 110, le dixième de l'effectif a été tué ou blessé. On voit circuler, dans les rues, d'innombrables couronnes mortuaires en fleurs naturelles, ainsi que des couples endeuillés ; les hommes en redingote et chapeau haut de forme, les femmes entourées de voiles noirs. La victoire coûte cher.... Je vis, non sans émotion, une jeune femme en noir, qui distribuait en pleurant des paquets de cigarettes aux soldats blessés assis sur le seuil de notre hôpital. Que de deuils, que de veuves, que d'orphelins ! Le dimanche, de longues théories de femmes de la campagne circulent dans les cinq lazareths de la rue de l'Académie, pour voir leurs parents ou leurs proches qui s'y trouvent en traitement.

En face de ma fenêtre, on voit dans un petit square, mi-partie clos de murs et de grilles en fer, un monument de bronze élevé à la mémoire des combattants morts pour la Patrie en 1870. Des plates-bandes gazonnées, sans aucun parterre fleuri, en bordent les contours ; sur les murs, le lierre et la vigne vierge font un revêtement verdoyant ; des marronniers, des vernis du Japon, des peupliers, des frênes, occupent le centre des pelouses ; au fond du jardin, se trouve une belle maison bourgeoise. C'est celle d'un riche fabricant qu'on appelait cou-

ramment « le grand-duc de Mannheim ». Il
avait aménagé cette habitation avec un confort
extrême et l'a léguée à sa ville natale, à condition de la transformer en une manière de
musée, sans rien changer toutefois à la disposition des appartements ; il y a même laissé
ses effets, pour donner plus tard l'idée exacte
de l'habitation d'un riche bourgeois aux xix$^e$
et xx$^e$ siècles. Je sais qu'à Moulins-sur-Allier
un bourgeois collectionneur a eu la même idée
et a légué à la ville, dans des conditions semblables, ses vitrines et son habitation (Musée
Mantin).

On paraît beaucoup aimer les spectacles et
les concerts à Mannheim. Malgré les malheurs
de la guerre, tous les lieux de plaisirs restent
ouverts. Il est vrai qu'on y joue principalement
des pièces patriotiques et que les concerts sont
donnés au profit des blessés. Les spectacles
commencent à dix-huit heures pour finir à
vingt-et-une heures, ce qui paraît une excellente coutume. Au retour on fait un repas
léger! (jambon et œufs durs) et l'on se couche.
A en juger par ce qui se passe en ce moment
au Diakonissen-Haus, la veillée n'est pas longue: à vingt-et-une heures, tout bruit cesse et
le silence n'est plus troublé, sinon par la voix
argentine des cloches qui sonnent en carillon,
sur trois notes, les heures tranquilles de la
nuit.

Du 14 au 22 Septembre le temps était
affreux ; de continuelles bourrasques de vent
soufflaient en tempête avec de la pluie, et parfois du tonnerre. Je pensais que Mannheim
étant, comme Valence, sur le cours d'un grand
fleuve, lui ressemblait étrangement par la violence du vent, mais j'ai su plus tard que ce
mauvais temps était général et que les rivières
avaient eu de fortes crues. Il m'arrivait souvent
de penser au triste sort de nos troupes en
campagne, aux misères sans nombre que sus-
citent de pareilles intempéries, aux troupes
qui bivouaquent, qui marchent ou qui combattent ; j'avais honte d'être si bien logé, si confortablement nourri, pendant que les camarades
étaient dans la misère. Je me suis consolé, en
lisant plus tard que la pluie et le mauvais
temps avaient arrêté partout les opérations sur
le théâtre de la guerre, en particulier sur la
Meuse et dans les bas-fonds de la Woëvre, où
tout mouvement de troupes était, de ce fait,
devenu impossible.

Les gens de Mannheim se targuent de leurs
mœurs douces et de leur humanité. J'en trouve
une preuve dans le récit suivant, emprunté au
*Mannheimer Tageblatt* du 25 Septembre 1914.
C'est le récit du passage d'un convoi par
eau, sur le Rhin : je le reproduis sans rien y
changer :

« Hier après-midi, un gros convoi de bles-

« sés composé de trois bateaux est arrivé à
« Mannheim. Les blessés les moins graves ont
« été réconfortés sous un grand hall à marchan-
« dises aménagé à cet effet ; les plus gravement
« atteints restèrent à bord et y reçurent une
« collation. Une foule charitable s'agitait au-
« tour des blessés, en train de manger et de
« boire, leur prodiguant journaux, cigarettes,
« cartes postales. Dans le convoi se trouvaient
« aussi cinq prisonniers français, des chasseurs
« alpins légèrement blessés, qui furent pareil-
« lement réconfortés et ne cessaient d'en
« exprimer hautement leur reconnaissance.
« Naturellement on ne leur avait rien donné à
« fumer, mais à peine nos soldats étaient-ils
« de retour à bord que les Français ne tar-
« dèrent pas, comme leurs camarades, à lancer
« dans l'air, avec une satisfaction visible, des
« nuages de fumée bleue ; les soldats allemands
« avaient fraternellement partagé avec leurs
« adversaires. Badois et Wurtembergeois
« furent alors conduits à l'hôpital. Les autres
« passèrent la nuit à bord du bateau qui, au-
« jourd'hui de bonne heure, doit les conduire
« à Bamberg.

« Après une collation matinale, le départ a
« eu lieu vers six heures. La majeure partie
« des soldats se tenaient sur le pont, et quand
« les bateaux se mirent en mouvement, enton-
« nèrent à plusieurs voix le *Wacht am Rhein*.

« De la rive on échangeait avec les voyageurs
« de joyeux saluts : on eût dit le départ pour
« une partie de plaisir, éclairé par un brillant
« lever de soleil.... »

Les gens de Mannheim ont l'âme poétique,
comme on le voit, et le cœur tendre, même
pour les Français, leurs ennemis ! ! !

# CHAPITRE X



Le mardi 15 septembre, sœur M... m'annonce qu'un médecin français vient d'arriver au Diakonissen-Haus. Il a été fait prisonnier après la reddition de la place de Longwy. Il paraît bien fatigué, me dit-elle, et assez âgé. On l'introduit dans ma chambre ; il est en effet, fort abattu et déprimé. C'est un ancien médecin-major de I<sup>re</sup> classe de l'armée active, M. Favier, âgé de 66 ans, né à Étampes. Médecin auxiliaire, en 1870, dans un bataillon des mobiles de l'Aube, il a pris part à la défense de Paris ; retiré dans la suite au Quesnoy (Nord), grand-père de cinq petits-enfants, il a offert, dès la mobilisation, ses services au pays, malgré un état de santé assez précaire, et il a été nommé médecin-chef de la place et de l'Hôpital militaire de Longwy. On lui donne une chambre confortable en face de la mienne, sur le Luisin-Rinck : comme moi, il est fermé à double tour, mais les diaconesses y mettent beaucoup de discrétion. Le 16 septembre, l'Oberine vient me donner de ses nouvelles; elle le trouve encore bien souffrant; néanmoins il est moralement plein de courage et vient d'envoyer une carte postale ouverte à sa famille, dans laquelle il exprime l'espoir d'être bientôt renvoyé en France, et manifeste le désir de reprendre du service dans le 20ᵉ ou le 21ᵉ corps.

Le 17 septembre, j'ai la bonne surprise d'avoir la visite de cet excellent camarade qui est tout ragaillardi. Après la reddition de Longwy, il a été reçu dans une ambulance installée dans les aciéries de Saint-Martin, puis transféré à l'hôpital de Longwy-Bas, et enfin dirigé sur Mannheim sous la garde de quatre factionnaires en armes. Il me raconte avoir vu à Longwy, des orifices de plaies par armes à feu soigneusement suturés, et desquels sortaient des flots de pus, quand on levait les sutures. Il ne sait pas si ce mode de traitement était le fait de médecins allemands ou belges, mais son récit me rappelle que Bergman, dans ses mémoires, signalait déjà des erreurs analogues dans les ambulances de Mannheim, en 1870.

Sur mes instances il veut bien me narrer, dans ses détails, l'héroïque défense de la place de guerre dont il était le médecin-chef : je transcris fidèlement ses paroles pour fixer le souvenir de cette émouvante page de notre histoire militaire.

La garnison de Longwy comportait environ 4000 hommes appartenant au 164ᵉ régiment de l'armée active et au 45ᵉ régiment territorial, six cents artilleurs du 5ᵉ régiment d'artillerie à pied complétaient cet effectif. L'armement de la place était constitué par 80 pièces de position d'une portée d'environ neuf kilomètres, et approvisionnées de 600 coups par pièce.

Le lieutenant-colonel Darches, du 145ᵉ régiment d'infanterie, homme d'une rare énergie, commandait la place. Celle-ci possédait des vivres en abondance; d'ailleurs elle ne fut jamais totalement investie.

Le service de santé avait, à sa tête, le médecin-major de 1ʳᵉ classe Favier, de l'armée territoriale, ayant sous ses ordres : le médecin-major de 1ʳᵉ classe Jeandidier, du 164ᵉ régiment actif; le médecin aide-major de 2ᵉ classe Lemaire, du 45ᵉ régiment territorial ; puis le personnel de l'hôpital militaire de Longwy-Haut : le médecin aide-major de 2ᵉ classe Grandjean, le pharmacien aide-major de 2ᵉ classe Noël, l'officier d'administration adjoint de 1ʳᵉ classe Vignol, les officiers d'administra-

tion adjoints de 2ᵉ classe Trouyez et Malbet;
enfin 30 infirmiers de l'armée active ou de la
réserve.

Le 10 août un parlementaire allemand se
présente au gouverneur en le sommant de se
rendre; il est sommairement et vertement
éconduit par l'énergique défenseur de la place.

Du 2 au 20 août, une série de petites escar-
mouches se produisent aux avants-postes.

Mais laissons la parole à notre vaillant
camarade, le médecin-major de 1ʳᵉ classe
Favier.

« Le bombardement proprement dit commença,
le 21 août, à 5 heures du matin. L'hôpital militaire, bien que placé sous la protection du drapeau de la Convention de Genève, fut atteint dès
le début; on se hâta de l'évacuer, alors que la
canonnade n'était pas encore très meurtrière. Les
malades et blessés furent rapidement transportés
dans l'hôpital casematé qui date de Vauban, et
comprend cinq casemates contenant chacune
20 lits, ouvertes sur une courette longue, étroite
et obscure; en face des salles de malades sont placés les locaux accessoires : salle d'opérations,
pharmacie, cuisine, lingerie, bureau du gestionnaire, magasins, latrines, ces dernières constituées
par des réduits obscurs, d'un abord difficile.

A peine étions-nous installés dans l'hôpital de
siège que les blessés affluent; la besogne ne tarde
pas à devenir rude et incessante. Nous employons
systématiquement la teinture d'iode en solution

alcoolique au 1/20ᵉ, les compresses de gaze iodoformée, la ouate de tourbe ; notre chirurgie est avant tout conservatrice, l'amputation est uniquement réservée aux grands délabrements, avec attrition profonde des membres. Nous avons pratiqué, au total, y compris les régularisations de broiements, 15 amputations seulement.

Dès la fin du deuxième jour, l'hôpital casematé, prévu pour recevoir 100 hommes, en contenait 335, auxquels s'ajoute le personnel hospitalier, c'est-à-dire une quarantaine d'unités. Nous sommes rapidement contraints d'occuper une casemate d'infanterie, contiguë à l'hôpital de siège. Cette casemate, faite pour 110 hommes, reçoit 203 blessés, à raison de 4 par couchette ; les blessés les moins graves en haut, les plus graves en bas « couchés tête-bêche, comme des sardines dans une boîte ». Dans tout l'hôpital règne une obscurité sinistre ; l'eau suinte des murs, on patauge bientôt dans une boue sanglante.

Le 22 août vers minuit, un obus du poids de 110 kilogrammes éclate dans la courette intérieure, broie comme du verre les rails de protection. De volumineux éclats, irréguliers et tranchants, emportent les jambes de deux blessés qui expirent en quelques minutes ; un autre éclat me déchire le côté gauche du cou. Le local est envahi par une fumée jaunâtre, asphyxiante et corrosive qui, dès le lendemain, provoquait chez tous les blessés la bronchite, connue sous le nom de bronchite méliniteuse. Un second obus tombe dans la pharmacie, tue un infirmier, et compromet gravement notre provision de chloroforme.

La salle d'opération est un boyau souterrain où on respire à peine ; une lampe à acétylène assure, en principe, l'éclairage, mais à chaque explosion d'obus, elle s'éteint sous l'influence du déplacement brusque de l'air. Alors qu'on cherche à extraire les esquilles, ou qu'on s'efforce de lier une artère dans le fond d'une plaie, on se trouve à trois ou quatre reprises, au cours de la même opération, plongé dans l'obscurité la plus profonde. On éclaire à nouveau, on reprend la tâche commencée, mais les mêmes incidents se répètent, rendant la pratique chirurgicale à peu près impossible.

Le 22 août, la voûte d'une casemate s'écroule, ensevelissant sous ses débris 10 blessés et l'une des deux dames de la Croix-Rouge, héroïques compagnes de notre hôpital de siège. La voûte de la casemate d'infanterie offre de larges crevasses béantes au-dessus des blessés qui se réfugient et se tassent dans les coins abrités ; ceux qui ne peuvent pas se mouvoir poussent de longs gémissements ou des cris de terreur. Dans cet antre, à peine éclairé par une mauvaise lampe à pétrole, le spectacle est effroyable !

La pompe à vapeur qui assure l'approvisionnement du puits a été détruite par le feu ennemi ; on puise l'eau péniblement avec un seau, à une profondeur de 90 mètres ; le précieux liquide ne tarde pas à devenir rare ; on le rationne et on le distribue avec parcimonie, le réservant surtout aux fébricitants qui sont malheureusement nombreux. Nous nous en servons encore pour laver nos mains couvertes du sang de nos blessés. Du vin muscat trouvé dans les approvisionnements devient la boisson principale; il ne réussit pas à étancher la soif inextinguible de nos blessés.

Le 25 août, je crois de mon devoir d'exposer au gouverneur l'état précaire du Service de santé; il consent à demander un armistice de deux heures pour évacuer nos malheureux blessés sur les hôpitaux auxiliaires de Mont Saint-Martin et de Longwy-Bas. L'ennemi refuse et le bombardement redouble d'intensité.

Le 26 août au matin, les médecins de la place se réunissent, délibèrent et se décident à exposer au gouverneur que les blessés, accumulés dans des conditions qui sont un véritable défi à l'hygiène la plus élémentaire et décimés en outre par les projectiles, sont voués à une mort certaine par l'infection putride, ou ne tarderont pas à être ensevelis sous les décombres de leurs casemates. Conscients du rôle humanitaire qu'ils doivent jouer en pareille circonstance, les médecins, impuissants à assurer le salut des malades, réclament des mesures de protection à réaliser d'extrême urgence. Le gouverneur, ému de cette navrante infortune, estime ne pas devoir assumer la responsabilité du trépas de tant de héros et se décide à ouvrir les portes de la forteresse ruinée et fumante, le 26 août à 13 heures.

Deux heures après, des médecins allemands se présentent pour prendre les blessés et les évacuent : en partie sur l'hôpital complémentaire installé à Buzancy, en partie sur l'hôpital auxiliaire n° 201 qui occupe les locaux de l'Hôtel-Dieu de Mont-Saint-Martin. Accablé par l'insomnie de plusieurs nuits, brisé de fatigue et d'émotions, je m'affaisse à bout de forces et je dois moi-même être évacué, par voiture automobile, sur l'hôpital auxiliaire déjà cité. Les médecins militaires allemands se conduisirent envers le personnel et les blessés avec beaucoup d'urbanité, et je ne pus m'empêcher d'admirer l'ordre et la rapidité avec lesquels personnel et matériel réalisèrent le transport dans les formations hospitalières.

Quatre-vingt-sept habitants de Longwy avaient tenu à partager le sort de la garnison de la forteresse. Parmi eux je citerai : le maire, le juge de paix, le percepteur, le curé (abbé Rollin), les gendarmes, les sapeurs-pompiers, les agents de police, quelques notables, deux dames de la Croix-Rouge dont l'une trouva un glorieux trépas dans l'exercice de ses devoirs professionnels, et enfin dix-huit religieuses de Saint-Vincent de Paul appartenant au personnel de l'hôpital civil. Ce groupe d'élite occupait une casemate qui s'écroula une demi-heure après son départ. De Longwy-Haut pas une maison n'était restée debout; des pans de murs démantelés, des amas de pierres et de fonte, des décombres fumants, c'est tout ce qui restait de cette petite place forte qui tient toute dans un espace de cinq cents mètres carrés. La plupart des casemates, bien que recouvertes d'une épaisseur de terre de 8 mètres environ, étaient fissurées ou éventrées. La citadelle ne possédait aucun vestige de fortification moderne et ses canons restèrent impuissants contre l'artillerie de siège ennemie. Celle-ci installée à 12 kilomètres sur le territoire des villages luxembourgeois de Redanges et

Putanges fit pleuvoir sur la place de Longwy un total de 33 000 projectiles à mélinite du poids de 110 kilogrammes; chaque mètre carré de territoire assiégé reçut donc, en moyenne, 66 de ces engins destructeurs.

A la reddition de la place les troupes allemandes ne commirent aucun excès, sinon le pillage des caves. Toutefois le personnel médical fut dépouillé de ses armes et soumis à une fouille générale : on m'enleva, dès l'abord, jusqu'à mon couteau de poche qui me fut rendu plus tard. A l'hôpital Saint-Martin mes confrères allemands me traitèrent avec la plus grande courtoisie.

Le kaiser, qui attendait à Luxembourg le résultat du siège, fut, dit-on, assez mécontent de la lenteur des opérations. Il aurait écrit au général commandant cette opération une lettre aigre-douce dans laquelle il exprimait le regret qu'on eût dépensé, en projectiles, une somme de trois millions « pour conquérir une coquille d'escargot! » A quoi le général répondit : « Si l'empereur avait été à ma place, il n'aurait pas mieux fait que moi ! »

Cet émouvant récit est le plus bel éloge qu'on puisse faire du médecin-chef de la place de Longwy. Plus tard j'eus la grande satisfaction de rejoindre la France en sa compagnie; il rallia la 7ᵉ région et fut pourvu d'un emploi dans les hôpitaux de Besançon.

# CHAPITRE XI

OPINIONS ALLEMANDES SUR LA GUERRE ET LES ALLIÉS. — LES JOURNAUX DE MANNHEIM AU MOIS DE SEPTEMBRE 1914. — LA BATAILLE DE LA MARNE. — FLOTTES ANGLAISES ET FRANÇAISES. — REIMS BRULE ! — LE BOMBARDEMENT DE LA CATHÉDRALE.

Au début de ma captivité, j'eus grand'peine à me procurer les journaux de la localité. Une consigne sévère, que n'avait pu fléchir l'aimable intervention du docteur Seubert, ne les laissait point parvenir jusqu'à moi. Mais les bonnes diaconesses ne tardèrent pas à tempérer cet excès de rigueur, timidement d'abord par la communication discrète de quelques éditions spéciales « Extra-Blatt », achetées, soi-disant pour leur compte, et adroitement dissimulées dans leurs tabliers ; on me les remit ouvertement dans la suite, alors que, sans nouveaux ordres, on me laissa tacitement toute liberté. Dès lors, je lus régulièrement journaux du matin, journaux du soir et éditions spéciales, relatant les télégrammes du grand quartier général allemand. Souvent, hélas! des manchettes sensationnelles annonçaient quelque défaite sensationnelle de nos troupes, mais comme ces mauvaises nouvelles n'étaient pas toujours confirmées, je finis par ne pas trop m'en émouvoir. D'une façon générale, les journaux socialistes indépendants comme le *Volkstimme* (*La Voix du Peuple*) se montraient moins agressifs et moins vantards que les feuilles cléricales et monarchiques; d'autre part, ils étaient écrits dans une langue plus simple que je m'assimilais plus facilement. Sœur M... s'aperçut bientôt de ma préférence et m'apporta, tous les jours en cachette « ma chère *Volkstimme* », comme elle disait avec sa malice souriante. Quelques publications illustrées me permirent, également, de connaître le ton général de la presse allemande à l'endroit des armées alliées et les principaux événements qui marquèrent le mois de Septembre 1914, c'est-à-dire la phase critique de la grande guerre.

En Allemagne, on fait remonter la responsabilité de la guerre tout d'abord, et avant tout, *à l'Angleterre*, puis ensuite à la Russie; quant à la France, on considère qu'elle a été entraînée par ses alliés.

Wilhelm Wundt, célèbre philosophe de Leipzig, public à Berlin chez Carl Curtius, une plaquette (5o pfennigs) intitulée « Le plus grand malfaiteur de l'humanité, Édouard VII, le Judas de la race germanique! » Il l'accuse d'avoir, de longue date, préparé cette guerre, en excitant chez les Français le désir de la revanche, et en enflammant la haine des Russes.

Dans le numéro 1 d'une publication populaire dite : *La Grande Guerre : Die Grosse Krieg* (10 pfennigs le numéro), le poète Richard Nordhausen proclame cette croyance dans les vers suivants que nous faisons suivre de leur traduction :

> Wie rot des Sieges Sonne uns scheint!
> Was hilft es, das Russ' und Franzose besiegt!
> Im Londonen Spinnennetz sist der Feind.
> Deutchlands Vernichtung uns hinterlist
> So lange der grossen Spinne Netz,
> Der Kreuzspinne Netz, nicht zerrissen ist
> Wenn alle Feinde um gnade schrein
> Und Deuchlands Knie im Welt gericht
> Umfassen. Wir wollen barmherzig sein!
> Gnade für jeden! Nur diesem nicht!

Combien sanglant nous apparaît le soleil de la **victoire**,
Mais à quoi sert d'avoir vaincu le Russe et le Français?
C'est dans le nid de l'araignée Londres que se tient l'ennemi.

C'est de là que, tant que le nid de cette grande araignée, de l'araignée porte-croix n'aura pas été détruite, elle organisera rapidement l'anéantissement de l'Allemagne : même si tous nos ennemis criaient grâce, même si, au jour du jugement dernier, ils embrassaient les genoux de l'Allemagne, nous consentirions à être miséricordieux, nous pardonnerions à tout le monde; mais à elle, jamais.

Dans un article des *Nouvelles Badoises*, du 20 septembre 1914, le journaliste comparant les forces navales de l'Angleterre et de l'Allemagne, écrit ceci :

« Je concède que l'Angleterre est reine sur « les mers, mais à quoi cela sert-il puisque « l'Allemagne est reine et maîtresse sous la « mer par ses mines, et que sa flotte aérienne « lui assure l'empire de l'air, que n'arrivent « pas à lui disputer les aviateurs français et « anglais réunis. Ils en sont réduits à de vrais « jeux d'enfants ».

Le Russe est pour les Allemands, un enfant, avec ses bonnes qualités naturelles et ses mauvaises ; mais son ambition le pousse à utiliser la bestialité des cosaques que, pour les besoins de sa cause, il lance successivement sur l'un ou l'autre de ses adversaires.

On a répandu à profusion, dans la presse allemande, une communication officieuse émanée de Vienne, à la date du 23 août, dans laquelle on relate les prétendues confidences d'un officier russe alité dans un hôpital militaire autrichien.

Cet officier qui aurait, naguère, pris part à la guerre de Mandchourie, établissant un parallèle entre les armées japonaise et austro-hongroise, s'exprimerait ainsi :

« L'armée hongroise a moins de blessés que « l'armée russe n'a de morts. Quand nous

« pensons que l'ennemi est contraint de céder
« à nos forces supérieures en nombre, les sol-
« dats hongrois surgissent sous notre pluie de
« balles et, en poussant de grands cris, nous
« refoulent à la baïonnette. Leurs attaques sont
« si terribles que jamais, au Japon, nous n'en
« avons vu de semblables. Le soldat russe a
« une telle frayeur de ces hurlements étranges,
« que les officiers ne peuvent les empêcher de
« se rendre ou de prendre la fuite. Pour encou-
« rager nos soldats, nous commençons habi-
« tuellement le combat au voisinage d'une
« forêt; malgré cette protection efficace, dou-
« blée de l'action des mitrailleuses installées
« sur les arbres, le résultat n'est pas sensi-
« blement meilleur, car l'ennemi ayant dé-
« couvert l'artifice, brûle les forêts et le
« soldat russe fuit devant la baïonnette à tra-
« vers la forêt détruite. Nos shrapnells ont
« un champ d'action moins étendu que ceux
« de l'ennemi, qui lui peut se protéger, alors
« que ses projectiles ne laissent âme qui vive
« dans un rayon de 5o mètres ; nos gens
« meurent ainsi par centaines. De même, le
« choc de la cavalerie ennemie est si violent
« que les cosaques ne peuvent le soutenir.
« Encore est-ce un vrai bonheur pour nous
« que nos effectifs soient dix fois supérieurs
« (*Neues Manheimer*, 24 septembre 1914.)
Les Allemands accusent parfois les Russes

de commettre des atrocités. C'est ainsi que j'ai lu dans leurs journaux la relation d'un ordre du jour d'un général russe ainsi conçu :

« Si un coup de feu part d'une maison, brû-
« lez-la; au second coup, brûlez toutes les
« maisons de la rue, au troisième coup, incen-
« diez le village entier ».

Le Français, dit un autre journal, serait le plus noble de nos ennemis, si on n'avait pas à lui reprocher amèrement l'armée noire et les balles dum-dum, trouvées dans les car-touchières de ses soldats et dans l'approvi-sionnement de ses places fortes.

Les Allemands m'ont montré, sous le hall des marchandises de la gare de Montmédy, des balles à chemise de maillechort, évidées en leur centre, qu'ils m'ont présentées comme des balles dum-dum, en me disant que c'était une honte pour une nation prétendue civilisée de se servir de pareils engins. Ils se plai-gnaient aussi, amèrement, de la chemise de cuivre de nos balles, qu'ils qualifiaient de poison (*gift*).

Un sous-officier du lazareth militaire de Mannheim, faisant ses confidences à mon ordonnance, l'artilleur Lucas, lui tenait ce propos, qui reflétait à ce moment l'opinion de la masse des soldats allemands :

« Nous n'en voulons pas aux Français, car
« ils n'ont fait la guerre que pour être fidèles à

« leurs alliés, les Russes. De tous nos ennemis,
« seuls les Français sont des guerriers coura-
« geux : votre artillerie est excellente, mais
« mais votre infanterie est mal commandée. »

Que pensent de nous les femmes allemandes?
L'une d'elles, appartenant à la haute société,
disait un jour :

« Vous autres Français, vous êtes des poètes
« et des littérateurs; les Allemands sont des
« guerriers. »

Parmi nos hommes politiques, Poincaré et
Delcassé sont cordialement détestés; on appelle
couramment notre Président, un mangeur
d'Allemands; sa qualité de Lorrain lui vaut
probablement cette animosité générale que
partagent même les diaconesses.

Ailleurs, on répand le bruit que le ministre
de la guerre, Millerand, est assailli de sollici-
teurs peu friands d'aller accomplir leur service
sur le front, et pour lesquels on a créé les em-
plois rétribués les plus invraisemblables, tels
qu'observateurs d'aéroplanes, enregistreurs de
lait de vaches, inspecteurs des provinces enva-
hies! On reconnaît aisément dans ces propos
la finesse habituelle des plaisanteries tudesques.

Et nos diaconesses de Mannheim, que pen-
sent-elles des Français?

Il faut le demander à sœur M..., qui se
laisse aller assez facilement aux confidences.
Elle parle et comprend un peu notre langue;

elle la lit assez couramment. Nous fûmes rapidement bons amis; dès le 15 septembre, elle m'avait manifesté sa sympathie en me disant aimablement que les diaconesses étaient très heureuses de m'avoir sous leur toit.

Le 24 septembre, elle me confie gentiment, avec cette candeur un peu naïve d'une bonne et vraie religieuse, que jadis, elle détestait cordialement les Français, mais que depuis qu'elle nous connaît, elle a changé complètement d'opinion et que maintenant, *elle les aime beaucoup!* « Vos blessés, me dit-elle un jour, sont doux, patients, courageux. Ils ne se plaignent jamais, et ils sont si reconnaissants des soins qu'on leur donne : ils remercient avec tant d'effusion! » Et elle ajoute avec un soupir : « On ne peut pas en dire autant des nôtres! » Et son bon cœur de femme lui inspire ce joli mot qui met dans nos yeux une larme : « Plus j'apprends à connaître les Français, plus je les aime ».

La sœur supérieure (Die Oberine), Mme de C..., au cours d'une de nos conversations me dit qu'elle attribuait nos défaites aux défauts de notre pouvoir dirigeant qui manquait d'autorité, et à notre esprit indiscipliné. « Ce qui vous manque, disait-elle, c'est un homme capable de vous diriger : la République ne vous l'a pas donné. Il vous faudrait un nouveau Napoléon Iᵉʳ. » On reconnaît à ces propos le prestige impérissable qu'a laissé en Allemagne le Grand

Empereur, dont le Kaiser a fait son modèle.

C'est à partir du 18 septembre que je pus lire les journaux quotidiens d'une façon régulière. J'appris alors qu'une grande bataille, d'issue indécise, se déroulait entre l'Oise et la Marne (*General Anzeiger* du 18 septembre 1914, édition spéciale). Les Français, disait-on, ont tenté, avec une grande bravoure, une formidable attaque de nuit, mais la moitié de la ligne allemande a soutenu le choc sans se laisser rompre.

Les 4e et 13e Corps Français, appuyés par une brigade d'une autre division, auraient été complètement battus au Sud de Noyon (90 kilomètres au Nord de Paris) et auraient dû abandonner plusieurs batteries d'artillerie sur le terrain. La bataille engagée depuis le 7 septembre entre l'Oise et la Marne paraît d'une importance capitale, mais jusqu'à présent, rien ne peut faire prévoir son issue définitive. Près de Reims, à Château-Brimont, l'armée allemande a fait 2500 prisonniers. L'armée d'Alsace, sous les ordres du général d'Amade, maintient son front intact. En Galicie, les Allemands font le siège de Ossovietz.

Le Japon a conclu alliance avec l'Angleterre, lui promettant de rétablir l'ordre dans l'Inde soulevée, moyennant 200 millions de dollars et les mains libres vis-à-vis de la Chine. Les Serbes ont perdu 25 000 hommes — leurs camps sont ravagés par la famine et le choléra.

*Les Nouvelles Badoises* du 19 Septembre rapportent que les forces allemandes ont leur aile droite appuyée sur l'Oise dans la région de Noyon, Craonne ; leur centre fortement retranché au Nord-Ouest de Reims, et leur aile gauche établie entre l'Argonne et la Meuse. Les Anglais combattent près de Soissons avec les Français. D'innombrables trains de blessés refluent vers l'intérieur du pays ; le général Joffre est allé dans le midi de la France lever une nouvelle armée pour combler les vides creusés par la défaite subie au Sud de Noyon.

Le Gouvernement Français, transféré à Bordeaux, aurait été accueilli à coups de pierres par la population, M. Delcassé a été blessé au cou. L'Egypte se révolte contre l'Angleterre. Les Serbes sont rejetés de l'Autriche ; les Russes refoulés sur leur territoire.

Je ne puis dissimuler mon émotion ! que de mauvaises nouvelles ! Je me berçais encore de l'illusion que les Alliés étaient invincibles, puis je me raisonne en pensant que tout cela doit être un bluff allemand, et cependant la précision dans les détails semble bien révéler un fonds de vérité.

Sœur M... s'aperçoit de ma tristesse, elle ne veut plus m'apporter de journaux ; je la supplie de ne pas me laisser sans nouvelles, d'autant plus que le docteur Seubert n'a plus parlé de la défense des premiers jours.

Le *Volkstimme* (la *Voix du Peuple*) dit que les fameux combats livrés sur la Marne, du 14 au 18 septembre, ont laissé les adversaires épuisés en face l'un de l'autre. Les Français occupent des positions fortifiées avec toutes les ressources de l'art militaire moderne; il faut s'attendre, dans les prochaines rencontres, à de terribles combats d'artillerie. L'armée allemande de Lorraine envoie des renforts au Général Von Kluck, c'est un peu dangereux en cas de retraite, car la route de Metz pourrait se trouver coupée. Les pointeurs allemands deviennent d'une habileté extraordinaire et le feu de l'artillerie est tel qu'on doit renoncer à secourir les blessés.

*Les Nouvelles Badoises* publient une statistique des pertes de l'armée franco-anglaise. Elles s'élèvent à 310 000 hommes dont 180 000 prisonniers comptant de nombreux blessés graves. Les Russes auraient 360 000 hommes hors de combat. Au total, en 50 jours, la triple Entente, sur 4 500 000 combattants, a subi un déchet de 670 000 hommes tués ou prisonniers, soit une proportion de 15 pour 100. A l'aide de ces chiffres ajoute le journal, on peut apprécier la valeur de la menace que nous font nos ennemis d'une guerre de durée indéfinie. La perte en hommes a été jusqu'à présent, pour l'Entente, de 16000 unités par jour. Dans de pareilles conditions, l'armée active des alliés peut tenir 9 mois, mais avec l'appoint des réserves et des classes territoriales, la France, la Russie, et l'Angleterre unies sont capables de poursuivre la campagne pendant 20 ans. Cette perspective est réellement macabre et peu réjouissante....

Le 22 septembre, j'apprends que Benoît XV a succédé à Pie X dont j'ignorais la mort; que le nouveau Conseil des Ministres français a Viviani, comme Président; Millerand, comme Ministre de la Guerre; Delcassé, Pichon, Sembat, de Mun, comme membres, ce qui indique une concentration en vue de la Défense nationale. On annonce la mort des généraux Bataille et Roques[1].

Le 23 septembre, un télégramme du 22, envoyé de Berlin, annonce que la flotte allemande a détruit 3 croiseurs cuirassés anglais : l'*Aboukir*, le *Crécy*, le *Hogue*. C'est le sous-marin *U-9*, commandé par le lieutenant de vaisseau Otto Meddingen, originaire de Westphalie, qui est l'auteur de ce bel exploit. L'*Aboukir* a coulé en cinq minutes; le *Hogue* en trois minutes; le *Crécy* a surnagé huit heures; un navire hollandais a pu recueillir 287 naufragés. D'autre part, le sous-marin allemand n° 22 a coulé le

---

1. C'était une erreur en ce qui concerne le général Roques, qui en 1916 devint Ministre de la Guerre.

croiseur anglais *Panthère* dans la mer du Bengale.

Les Anglais, exaspérés par ces échecs, annoncent l'envoi en France d'une nouvelle armée de 100000 hommes.

Le *Volkstimme* publie une lettre d'un soldat natif de Mannheim, datée du 10 septembre, racontant que la place de Maubeuge, assiégée par 15 000 hommes, s'est rendue après 14 jours de défense; on y aurait fait 40 000 prisonniers et trouvé un riche butin de guerre.

L'armée française des Vosges s'est repliée sur la Meurthe après des combats meurtriers livrés à Saarburg les 21 et 22 septembre; elle a été décimée par le feu de l'artillerie lourde de campagne; le premier corps bavarois, dans un élan irrésistible, a bousculé le 8e corps français, une partie du 13e corps et deux divisions de cavalerie. Par contre, les attaques contre Toul et Verdun ont échoué.

En Lorraine française, l'artillerie lourde allemande bat vigoureusement les forts de Troyon, Camp des Romains, Liouville et Parroche, si on en croit un Extra-Blatt paru le soir.

Je découpe dans le *Neues Mannheimer Volksblatt* du 22 septembre cette curieuse annonce :

Helft den deutschen Brudern in Elsatz Lothringen !
Die Not ist gross! Die Verusstung enteslich
Die Franzosen haben wie vie Vandalen gebraut
Deutsche ! helft den Deutschen !

Au secours de nos frères allemands en Alsace-Lorraine.
La misère est grande, la dévastation considérable!
Les Français se sont conduits comme des vandales!
Allemands! au secours des Allemands!

Les *Nouvelles badoises* annoncent que trois médecins militaires allemands ont été fusillés par des francs-tireurs belges, et que les aviateurs français lancent des nuées de fléchettes à bout de porcelaine, extrêmement meurtrières.

Le 24 septembre, abondance de petites nouvelles : l'armée italienne se décide à laisser passer sur son territoire des troupes autrichiennes destinées à envahir le midi de la France; l'armée serbe a 12 000 cas de choléra, elle se mutine, fusille ses officiers, détruit ses canons à la dynamite. Le Grand-Duc Nicolas, qui a subi la terrible défaite de Tannenberg, rassemble ses armées: celle de Sasonow à Narew; celle de Rennenkampf à Kowno, au sud de Hinterburg.

L'aviateur français Chevillard et un officier d'état-major ont atterri dans les lignes allemandes, le 2 septembre, alors qu'ils pensaient trouver un camp anglais.

Le nombre total des prisonniers alliés internés dans les camps allemands atteint 300 000 hommes; plus de la moitié sont des Russes; le chiffre total des canons enlevés à l'ennemi s'élèvent à 5 000.

Malgré tous ces chants de victoire, les journaux s'accordent à reconnaître qu'aucune action décisive n'est encore survenue sur le théâtre de la guerre.

Le 25 septembre, un Extra-Blatt fait connaître au peuple allemand que les positions sur la Marne sont devenues de véritables forteresses; qu'il est nécessaire de montrer une grande patience et de ne pas s'attendre à des événements sensationnels. La guerre de rase campagne s'est transformée brusquement en guerre de forteresse rendant la marche rapide en avant absolument impossible.

Les Allemands se consolent en annonçant l'exode des Parisiens en prévision d'un siège : 1 807 000 habitants, soit les 2/3 de la population normale, ont émigré dans les provinces lointaines, mais dans le chiffre on compterait deux fois plus de femmes que d'hommes. (*Neues Mannheimer Volksblatt* du 24 septembre 1914.)

Dans un style humoristique, un correspondant de Vienne raconte l'attaque par la flotte française, le 19 septembre, des bouches du Cattaro.

« Vers six heures du matin, les navires fran-
« çais apparurent devant les bouches du Cat-
« taro et firent feu de leurs pièces de gros ca-
« libre, pendant une heure, contre les forts et
« l'entrée du canal : trois coups portèrent! un
« canonnier fut blessé!!! Puis la flotte avec ses
« cinquante unités, mit barre sur Lissa et vers

« dix heures du matin tira plusieurs bordées
« contre le phare, blessant trois hommes et
« faisant des dégàts insignifiants.

« A dix-sept heures, la force navale apparut
« devant Pergolèse, tira sur le phare ; quelques
« matelots débarquèrent, détruisant la station
« des pavillons, firent main basse sur les pro-
« visions de bouche et la pauvre garde-robe du
« gardien de phare, souillèrent le réservoir
« d'eau de boisson avant de regagner leur bord.
« Tel fut le bel exploit de la flotte française
« dans l'Adriatique ! »

Le 25 septembre, le *Badischer General
Anzeiger, Mannheimer Tagblatt* publie en sensationnelle manchette la prise du fort d'arrêt
du camp des Romains près de Saint-Mihiel.
C'est le régiment bavarois von der Thann qui
aurait planté sur les murs le drapeau allemand.

Dans le cours du journal, le chroniqueur
annonce aussi les pertes de la flotte anglaise du
25 septembre 1914 :

3 petits croiseurs, *Pathsinder, Pegasus, Am-
phion.*

3 croiseurs cuirassés, *Aboukir, Crécy,
Hogue.*

2 croiseurs auxiliaires, *Oceanic, Austral.*

1 torpilleur, *Speedy.*

Soit un total de neuf vaisseaux auxquels il
convient d'ajouter un sous-marin coulé acci-

dentellement et le torpilleur *Bullsink* abordé par un steamer hollandais.

Je trouve encore dans la même feuille un article assez original fait par un journaliste italien sur la consommation hebdomadaire en aliments de l'armée allemande, calculs fait en prenant comme bases la ration de guerre du du soldat allemand et le chiffre des effectifs sous les armes.

| | |
|---|---|
| Pain . . . . . . . . . . | 27 300 000 kilogs |
| Viande . . . . . . . . . | 54 600 000 kilogs |
| Sel . . . . . . . . . . . | 912 000 kilogs |
| Café . . . . . . . . . . | 912 000 kilogs |
| Sucre. . . . . . . . . . | 620 000 kilogs. |

La dépense quotidienne atteint dans ces conditions 92 000 000 de marks, soit 115 millions de francs, sur lesquels 12 millions de marks sont employés au transport.

Pendant les longues journées d'une immobilité tristement nécessaire, il m'a été donné, comme on le voit, de lire et de traduire un assez grand nombre de gazettes locales ou de communications officielles reflétant l'état d'âme allemand et l'opinion populaire. Parmi ces documents, je considère ceux qui suivirent le premier bombardement de Reims et de sa Cathédrale comme d'un intérêt de tout premier ordre et qui ne s'est pas amoindri puisque l'ennemi s'acharne encore aujourd'hui à compléter la ruine de notre pieux édifice.

Voici donc, dans sa saveur originale, la traduction littérale d'un premier article paru le 22 septembre 1914 dans l'*Informateur général* de la ville de Mannheim et les *Nouvelles badoises* les plus récentes des environs.

« Le grand drame victorieux de l'anéantis-
« sement de la France se poursuit, sans trève,
« ni cesse, avec des progrès d'airain qui
« brisent toute résistance.

« Reims, l'antique ville des Rois de France,
« dans laquelle, pendant six cents ans, furent
« célébrées les pompes de leur couronnement,
« voit s'agiter au-dessus d'elle le combat de la
« nouvelle France républicaine qui, malgré
« toutes ses allégations mensongères, creuse
« elle-même son propre tombeau, et s'écroule
« avec les débris enflammés de la vieille cité
« des Rois, cité qui a vu tant de gloires et de
« grandeurs françaises et qui, maintenant,
« assiste à la chute profonde et définitive
« d'une antique et grande puissance civilisée
« et doit la subir elle-même.

« Reims brûle! *Reims erbrennt!...* Sa cathé-
« drale est en danger, tragique symbole de
« l'anéantissement définitif d'une des plus
« fières nations que l'histoire ait connue. Elle
« s'effondre non point sous le poids d'un fléau
« destructeur qui ravage sytématiquement le
« pays, mais du fait des propres et terribles
« fautes de ce dernier. Cette nouvelle France

« républicaine aurait pu constituer un État
« fort, ayant une voix autorisée dans le Con-
« seil des peuples, si, au lieu de consacrer son
« travail à des idées chimériques, elle avait
« développé chez elle sa puissance rétablie ; si
« elle s'était appliquée à ses devoirs coloniaux
« au lieu de tisser, en Europe, avec le secours
« de l'Étranger, les projets malsains de
« revanche ; intrigues qui lui valent d'être
« engagée aujourd'hui dans une guerre haute-
« ment impopulaire et le danger d'être, pour
« la troisième fois terrassée par l'Allemagne
« qu'elle a provoquée.

« Reims brûle !... et la France n'est plus en
« état de protéger ses grandes reliques natio-
« nales, et c'est elle-même, elle seule qui s'est
« jetée au-devant de ce danger grâce à une
« politique insensée, oui insensée, car au lieu
« de confier le destin de sa patrie à sa propre
« énergie et à ses ressources nationales, elle a
« préféré les intrigues diplomatiques dont le
« peuple allemand brise aujourd'hui les mailles
« sous ses pas pesants, et avec l'aide de ses
« armées !

« L'Allemagne, elle, a travaillé !... Dans son
« armée, elle a accumulé et concentré la
« somme de ses efforts matériels et intellec-
« tuels, de sa prudence, de sa sagesse. Cette
« armée est la preuve éclatante que l'Alle-
« magne est restée le peuple du devoir et du

« constant effort! La France, par contre, a usé
« de l'intrigue, de diplomatie, a fait jactance
« dans les journaux et a su également volon-
« tiers mentir à propos; le résultat de tout
« cela, c'est que Reims brûle! et que des
« siècles d'histoire et de civilisation françaises
« tombent en ruine!

« La France de la Revanche et de la Triple
« Entente est désormais stérile; incapable de
« rien produire, de rien créer. De cette France
« ne sortira aucune Jeanne d'Arc pour délivrer
« Reims. De cette France, la monstrueuse
« faiblesse et la lâcheté ressortent de ce fait
« qu'elle a eu la criminelle habileté d'installer
« son artillerie devant la cathédrale de Reims
« pour provoquer la destruction de cette sainte
« relique nationale et pouvoir ensuite procla-
« mer devant le monde : « La barbarie des
« Allemands! » Cette France ne veut plus se
« servir dans le combat, comme jadis, d'armes
« loyales, mais d'intrigues et de calomnies.
« L'installation de canons français sous les
« murs de la célèbre cathédrale, avec l'inten-
« tion dûment délibérée de jouer un tour per-
« fide à l'Allemagne, le lâche sacrifice fait de
« gaieté de cœur, d'un monument célèbre et
« respectable, est une nouvelle preuve que la
« France de Poincaré et de Delcassé n'est plus
« la France de Jeanne d'Arc et de la vieille
« garde de Napoléon Ier! Et pendant qu'on

« essayait de s'abriter sous la protection de la
« cathédrale, avec l'intention d'insinuer contre
« nous dans le monde de perfides calomnies,
« il est malheureusement arrivé que les dégats
« n'ont pu être évités; l'attaque allemande
« doit encore détruire cette nouvelle calomnie.
« Du moment que les Français, dans les com-
« bats sous Reims, n'hésitent pas à placer la
« cathédrale dans la zone du feu, ils n'ont qu'à
« s'en prendre à eux-mêmes si nous sommes
« contraints et à regret, de ne pouvoir éviter
« des dommages à cette merveille d'architec-
« ture.

« Aussi bien le siège de Toul et de Verdun
« avance : nous serons bientôt délivrés des
« chaînes qui nous paralysent. Quand elles
« seront brisées, les armées du Kronprinz
« pourront opérer leur jonction pour porter
« un dernier coup qui brisera enfin toute
« résistance. »

Dans ce morceau de haute littérature germanique et notamment le leit-motiv, Reims
brûle! perce la joie à peine contenue de voir se
consommer l'odieux attentat, en même temps
que le désir d'en rejeter sur la France toute la
responsabilité. L'article fut suivi dans le numéro du même journal, paru le 25 septembre,
de la publication d'une dépêche officielle, émanée le 22 du Grand Quartier Général. En voici
la teneur :

« Le Gouvernement français a prétendu que
« l'incendie, le bombardement de la cathédrale
« de Reims n'étaient justifiés par aucune con-
« sidération militaire. Devant cette assertion
« il est nécessaire de rétablir les faits. Les
« Français, ayant par leurs retranchements
« fortifiés, fait de la ville de Reims comme le
« réduit principal de leur résistance, nous
« obligent nous-mêmes à attaquer cette ville
« avec tous les moyens capables d'obtenir le
« résultat attendu. Un ordre du Commandant
« de l'armée avait prescrit de respecter la
« cathédrale aussi longtemps que les Français
« ne l'utiliseraient pas pour leur défense. Le
« drapeau blanc placé sur la cathédrale, depuis
« le 20 septembre, fut bien aperçu par nous.
« Néanmoins, nous pouvions constater qu'on
« avait installé, sur une tour, un poste d'obser-
« vation ayant mission d'indiquer à l'artillerie
« la direction pour tirer utilement sur notre
« infanterie se portant à l'assaut ; c'est pour ce
« motif que notre artillerie de campagne
« envoya *quelques obus incendiaires*. Jusqu'à
« présent le feu de l'artillerie lourde n'a pas été
« employé et nos canons ont cessé de tirer
« sitôt que le poste d'observation a été sup-
« primé. Nous pouvons constater d'ailleurs
« que les tours et le profil de la cathédrale
« n'ont subi aucun dommage, la toiture seule
« a été dévorée par les flammes : *les troupes*

« *assaillantes n'ont pas dépassé la consigne*
« *qu'elles avaient reçue.* L'ennemi porte la res-
« ponsabilité de ce fait qu'il a cherché à faire,
« sous le couvert du drapeau blanc, un détes-
« table usage d'un monument artistique des
« plus respectables. »

L'histoire impartiale jugera ce débat, ou
plutôt elle a déjà prononcé, le monde entier
ayant stigmatisé les auteurs de cette violation
sacrilège. Nous voulons encore emprunter à
un journal allemand (*Neue Badische Landes-
Zeitung, Mannheimer Zeitung : La Nouvelle
Gazette du pays badois : journal de Mannheim,*
23 septembre 1914), le récit d'un témoin ocu-
laire qui va nous renseigner sur l'étendue du
désastre.

C'est le correspondant parisien du *Nieuwen
Rotterdamischen Courant* qui dans un télégramme privé, daté du même jour, écrit ce qui
suit :

« J'étais allé dimanche, en automobile à
« six heures du matin, sur une petite colline
« près de Reims.

« Quand nous revinmes dans la ville, je
« remarquai que de nombreux monuments
« étaient fortement détériorés ou détruits. Les
« habitants s'étaient réfugiés dans les hôpi-
« taux. Une heure, après notre retour, une
« formidable explosion de grenades se produi-
« sit dans la rue même où nous nous trou-

« vions; une femme et son enfant furent
« frappés à mort sur la chaussée; une petite
« maison fut détruite dans le voisinage de
« l'hôpital auxiliaire. Le bombardement con-
« tinua jusqu'à neuf heures. Les murs s'écrou-
« laient et les maisons subissaient les plus
« grands dommages.

« Pendant une accalmie du bombarde-
« ment je me rendis à la cathédrale. Tout
« autour de l'église plusieurs maisons étaient
« réduites en cendres. Du dôme s'échappaient
« des torrents de fumée. Par les ouver-
« tures des tours, on voyait sortir des flammes
« et tomber les débris carbonisés des écha-
« faudages. La tour épiscopale attenant à
« l'église est complètement détruite. Dans
« l'intérieur, les stalles fument encore. Tout
« est noirci par la fumée et gravement endom-
« magé. L'opinion générale est que, dans les
« points détruits, la cathédrale est tellement
« abîmée que très probablement toute restau-
« ration est rendue impossible. Toutefois,
« l'architecture générale du monument est
« conservée ».

Et voilà ce que les Allemands appellent
envoyer quelques obus sur l'église? Ils spéci-
fient, il est vrai, que ces projectiles sont des
obus incendiaires, et ils font remarquer (est-ce
une ironie voulue?) que leurs troupes n'ont
pas dépassé les instructions reçues et qu'au

demeurant l'architecture générale du monument n'a subi aucun dommage.

Les divers articles que nous venons de reproduire ont la valeur d'un document historique. Ils éclairent d'un jour bien spécial la mentalité de nos adversaires, qu'il s'agisse du grand état-major, ou encore de l'opinion publique recueillie dans un État de la Confédération germanique qui fut longtemps, et redeviendra bientôt, espérons-le, notre voisin de frontière.

Toul et Verdun dressent encore devant l'envahisseur leurs remparts inviolés, et les armées du Konprinz, qui devaient nous porter le dernier coup, ont dû se replier en déroute devant les immortelles phalanges des Nivelle et des Mangin !

Reims brûle encore !... Saluons avec respect la noble cité et son martyre ! Mais l'immanente justice veut que les mailles du filet, toutes prêtes naguère à se rompre sous le pas pesant des bottes allemandes, se resserrent chaque jour, autour d'eux, présageant la capture prochaine.

# CHAPITRE XII


LES MENUS DE LA CLINIQUE DU DIAKONISSEN-
HAUSE. — DERNIERS JOURS DE CAPTIVITÉ.


En ma qualité de *Herr Professor* j'ai cer-
tainement été l'objet de faveurs spéciales, au
point de vue alimentaire, au cours de ma
réclusion hospitalière; les charitables diaconesses, qui m'avaient pris en amitié, s'ingé-
niaient à varier mes menus et à les rendre
aussi appétissants que possible, au point que
je dus, à diverses reprises, modérer leur pro-
digalité à mon égard, tant au point de vue de
l'abondance des mets que du nombre des
repas.

Comme, dès mon arrivée, je m'étais posé en
fervent anti-alcoolique, on ne me proposa que
timidement du vin ou de la bière, puis on
s'habitua à me voir boire de l'eau pure; mon
fidèle Lucas suivait mon exemple, ce qui
acheva de convaincre les diaconesses que nous

avions une vertu exceptionnelle. Il est vrai que notre austérité apparente était largement compensée par l'usage fréquent de café, de thé, de café au lait et de cacao. Antérieurement à notre réclusion à Mannheim, dans les lazarets de Gomery et de Bleid nous avions eu toujours à notre disposition une bouteille de vin ou de bière par personne et par jour.

Le service de table était assuré d'une façon régulière et très correcte par sœur Gretchen ou la jeune novice Frieda. Les premiers jours de notre arrivée, les diaconesses, curieuses comme toutes les filles d'Ève, alternaient volontiers le service pour voir le général Artz-Franzose, et son ordonnance Lucas dit le Suédois! en raison de son teint rosé et de ses yeux de pervenche.

Les six repas de la journée étaient servis avec ponctualité à 8 heures, 10 heures du matin, midi et demie, 4 heures, 7 h. 1/2 et 9 heures. Le déjeuner de 8 heures comportait invariablement du café au lait (*Milch und Kaffee*) et de la viande froide, le plus souvent du jambon cru entre des tartines de pain bis, garnies d'une couche mince de saindoux. A 10 heures, du thé, du cacao avec des biscottes; ou encore du bouillon avec un œuf poché et des petits pains de gruau.

A midi, repas substantiel composé d'un potage, d'un plat de viande, de deux plats de légumes, d'un entremet suivi de dessert et de café.

A 4 heures, goûter composé de thé ou de cacao, ou encore de café au lait, accompagné de gâteaux variés, de tartes aux fruits le plus souvent.

A 7 h. 1/2, potage, plat de viande, plat de légumes, compote de fruits.

A 9 heures, enfin, bol de cacao.

Au bout de peu de jours nos estomacs français demandaient grâce! Je dus solliciter de la supérieure la suppression des en-cas de 10 heures et de 9 heures; quant au goûter de 4 heures, notre gourmandise s'en accommodait, malgré l'absence totale d'exercice. J'expliquai à la supérieure qu'en France on n'avait pas l'habitude de manger autant et si fréquemment, et que les prisonniers allemands seraient probablement déçus par notre frugalité; elle me laissa comprendre que mon grade et ma qualité me valaient, en partie, le régime d'exception, dont profitait d'ailleurs mon ordonnance : son menu était le plus souvent identique au mien; parfois, cependant il n'avait pas de dessert, mais nous avions coutume de tout partager, en bons compagnons d'infortune. Certain jour cependant où m'était échu du rôti de veau, sur une purée appétissante, on apporta pour Lucas une blonde et plantureuse choucroute, ornée de jambon et de würtch ; je la guignais du coin de l'œil. Lucas assez penaud de cette aubaine, car il n'avait jamais goûté de ce plat national, s'aperçut de mon envie et m'offrit sans tarder un échange que j'acceptai avec empressement. Qui fut bien étonné de me voir engloutir, à larges bouchées, la « Sauerkraute » allemande, ce fut sœur Gretchen. Elle m'avoua qu'on n'osait pas me donner de choucroute parce que les Français passaient pour mépriser ce plat allemand et le tourner en ridicule. De ce jour je grandis encore, si c'est possible, dans l'estime de la diaconesse ; elle était également suprise de voir la bonne familiarité qui existait entre mon ordonnance et moi. Lucas, dont l'éducation était parfaite, y mettait d'ailleurs le plus grand tact et n'abusa jamais de la liberté que je lui laissais à mon égard.

Il me paraît intéressant de dire quelques mots de l'alimentation allemande au mois de septembre 1914, c'est-à-dire au début de la guerre.

Le pain ordinaire est gris-jaunâtre, peu levé : il ressemble au pain de seigle de certaines contrées montagneuses de la France. On le sert en tranches minces, correctement découpées d'avance, de la largeur d'une main. Presque toujours on y étend une mince couche de saindoux ce qui le rend particulièrement fade ; parfois, au petit déjeuner du matin, le saindoux fait place à de la marmelade de pommes ou à de la gelée de groseilles.

On sert avec le café au lait, ou le thé au lait, de délicieux petits pains de luxe de forme ovale, blancs et bien levés dits « pains de gruau » ou encore des bretchtel, sucrés ou saupoudrés de sel cristallisé ; parfois aussi, des zwiebach, tranches plates de pain grillé, sucré ou non ; ce sont des biscottes très légères dont les infirmeries de gare de la Croix-Rouge badoise m'ont paru abondamment pourvues.

Les gâteaux que j'ai vus ressemblent beaucoup à nos tartes de ménage ; la pâte en est épaisse un peu molle, couverte de prunes allongées, dites quetsch, ou encore garnie de marmelade de pommes aromatisée à la cannelle ; on en distribue de grands triangles dans les trains de blessés, et ces gâteaux sont la base du goûter dans les hôpitaux.

Quant au pain de troupe du soldat allemand, il m'a paru très inférieur ; il est de couleur jaune-noirâtre, mal levé, peu engageant en somme. Le biscuit de guerre, par contre, me paraît meilleur que le nôtre, et présenté sous une forme beaucoup plus pratique : ce sont des rectangles de 0 m. o3 sur 0 m. o2, faciles à mastiquer, d'un goût agréable ; on les distribue dans de petits sacs en toile blanche. Au Feld-Lazareth de Gomery, j'en ai mangé plusieurs jours de suite sans en être incommodé.

On servait, en général, beaucoup plus de pain aux petites collations qu'aux grands repas. Nous en mettions en réserve de façon à continuer nos habitudes françaises; on sait qu'à l'étranger on reconnaît le Français à la quantité considérable de pain qu'il consomme à ses principaux repas.

Le potage était servi, sans pain, au repas de midi; c'est un bouillon maigre ou gras contenant des légumes (petits pois ou carottes) ou des pâtes alimentaires très fines (petites perles), parfois du riz, de la farine de gruau, de la tomate, des œufs battus. Jamais on ne nous a servi de la véritable soupe française abondamment garnie de pain ou de légumes.

Cependant, la pomme de terre fait partie de tous les grands repas. Sa préparation est peu variée; on la mange généralement en salade assez vinaigrée et poivrée, chaude ou froide, mêlée d'oignons coupés menus ou encore de concombres. Parfois aussi on fait sauter et rissoler la pomme de terre à la graisse, ou on la sert en purée. Jamais je n'ai eu le plaisir de voir apparaître dans nos menus la pomme de terre frite, si populaire en France! Les blettes en sauce blanche, les petits pois, le choux-fleur sauté ou gratiné, le choux rouge, la laitue en salade figurent assez souvent à notre table. On m'a même servi des asperges en conserve!

L'influence de l'alliance italienne nous apparut dans la fréquence des plats de macaroni, des nouilles, des pâtes en potages. Le macaroni, cuit à l'eau ou dans du bouillon, se consomme sans assaisonnement de fromage. Le riz est préparé au lait ou au gras.

Quant à la viande, elle est presque toujours présentée en ragoût avec une sauce abondante, rarement rôtie ou grillée; parfois farcie en paupiettes avec beaucoup d'oignons dans la farce; on mange surtout du bœuf, du porc frais, du veau, presque jamais de mouton; je n'ai pas vu de côtelette ni de gigot sur notre table. Les biftecks sont hachés puis reconstitués sous forme de tournedos qu'on n'a pas la peine de mastiquer : ce hachis, peu cuit dans son centre, me causait une impression désagréable. On fait grand usage de viande froide, découpée en tranches minces et servie au petit repas du matin ou au repas du soir, avec du jambon cru, des rondelles de cervelas ou du wurtch. Les volailles doivent être rares et chères; on m'a cependant servi deux fois du poulet; jamais de lapin.

Malgré la proximité du Rhin et du Neckhar, le poisson était exclu de nos menus. Certain vendredi, cependant, on m'apporta une perche du Rhin, entourée de pommes de terre nageant dans le beurre fondu.

Le dessert le plus habituel consistait en marmelade de pommes ou de prunes, en gelée de groseilles sans grand parfum, en tarte de ménage aux fruits; les diaconesses y ajoutaient en outre assez fréquemment un excellent entremets : crème au chocolat, au citron, baba à la gelée de groseilles, omelette soufflée à la fleur d'oranger, glace au citron ou au chocolat, mais c'était une attention spéciale pour le general-Arzt.

La bonne sœur M... nous apporta même, à diverses reprises, en grand secret sous son tablier, des assiettes de raisin noir et de pêches : était-ce la maison qui fournissait cet extra ou la bourse de sœur M..., nous ne le saurons jamais, mais l'attention était touchante et mérite d'être mentionnée.

Quant à l'ordonnance de nos festins, je ne puis en donner une meilleure idée qu'en reproduisant textuellement les menus d'un certain nombre de journées passées au Diakonissen-Haus.

### *13 Septembre 1914.*

|  MATIN | SOIR |
|---|---|
| Potage à la tomate. | Potage aux pâtes. |
| Veau braisé. | Veau froid. |
| Macaroni bouilli. | Salade de pommes de terre. |
| Salade. | |
| Gelée de groseilles. | |

## 15 Septembre.

### MATIN

Bouillon gras au riz.
Beafteak haché.
Pommes sautées.
Blettes au lait.
Crème au chocolat.

### SOIR

Potage Mignonette.
Côtelette de porc.
Riz sauté.

## 17 Septembre.

### MATIN

Potage aux pâtes.
Poulet farci.
Purée de pommes.
Carottes nouvelles au jus.
Pêches à la coque.
Glace à la framboise.

### SOIR

Potage vermicelle.
Œufs à la coque.
Compote de pommes.

## 18 Septembre.

### MATIN

Perche maître d'hôtel.
Pommes en robe.
Compote de questch.
Crème au citron.

### SOIR

Potage alphabet.
Œufs brouillés.
Compote de prunes.

## 19 Septembre.

### MATIN

Potage au mil.
Veau braisé.
Purée de pommes.
Épinards.
Compote de pommes.
Baba à la groseille.

### SOIR

Potage vermicelle.
Emincés de jambon et de
veau froid.
Mirabelles.

## 20 Septembre.

### MATIN

Potage au riz.
Bœuf en ragout.
Macaroni bouilli.
Choux fleurs sautés.
Compote de pommes.
Glace au chocolat.

### SOIR

Potage au mil.
Omelette.
Compote de pommes.

Nous étions loin de la nourriture plutôt frugale et monotone des lazarets de Belgique. L'Oberine (la Supérieure), Mme von C..., venait fréquemment s'informer de la manière dont nous étions traités, nous invitant à faire connaître nos besoins et nos désirs ; c'est ainsi que j'avais obtenu d'avoir beaucoup plus de légumes que de viande. Quand par hasard nos plats n'étaient pas achevés, elle craignait que nous ne fussions malades ou que les menus nous aient déplu et faisait demander de nos nouvelles ; à chaque service, comme je disais merci à sœur Gretchen, elle répondait invariablement « Bitte », ce qui doit correspondre, je pense, à notre formule « Je vous prie ».

Notre fidélité à l'abstinence du vendredi eut vite fait le tour de la communauté, et surprit grandement la Supérieure, car les Français passent en Allemagne pour des mécréants sans foi ni loi. Il paraît que le soin extrême que nous prenions à ne rien salir, à ne pas jeter par terre les débris du repas, à respecter la blancheur de la nappe, paraissait à ces bonnes sœurs un fait rare et digne d'admiration : on a dû nous prendre pour des salutistes, amis toutefois des douceurs, car si j'ai bonne mémoire, nous n'avons jamais renvoyé, autrement que vide, un plat à entremets. Il faut bien avoir quelques défauts,... même quand on est Français !

*18 septembre*. — Le mauvais temps ne cesse pas, les rafales de vent alternent avec les averses et de rares accalmies.

Je me plains amèrement de ne recevoir aucune nouvelle de France. Le docteur Seubert me conseille d'écrire des cartes postales en langue allemande, estimant qu'elles circuleront plus rapidement; quant aux grandes lettres, il se charge aimablement de les remettre au consul d'Espagne. Je songe sans cesse à mon retour en France! Seubert me promet de solliciter des instructions à ce sujet du général, commandant la région de Carlsruhe; il me laisse espérer mon rapatriement prochain par Bâle et Genève; il estime que ma qualité de professeur m'aidera à obtenir ce qu'il continue à considérer comme une faveur, étant donné la mentalité actuelle du commandement allemand.

Le pasteur Haag, directeur du Diakonissen-Haus, partage cette manière de voir. En prévision de cet heureux événement, il vient me recommander un blessé allemand, le capitaine Wetstein du 111ᵉ régiment d'infanterie, frère de sa belle-sœur, récemment évacué de l'hôpital d'Altkirch sur la ville de Lyon; ce capitaine est dans la vie civile maire de Weinheim, près Mannheim.

*21 septembre*. — Halter Achtnich m'apporte tout un assortiment que je lui avais commandé:

chemises, caleçons, manteau imperméable, brosses, etc..., et Frau Oberine vient elle-même s'assurer de la qualité de mes achats; tout est bien et pas trop cher. La sœur supérieure ferme soigneusement la double porte de ma chambre; elle s'est aperçue que les officiers bavarois blessés, qui mènent souvent grand train dans le couloir, écoutent volontiers aux portes !

On me descend au service radiographique de l'établissement, admirablement installé par une maison de Hambourg. Le laboratoire se trouve entre deux salles; l'une est consacrée aux hommes, l'autre aux femmes. C'est une jeune diaconesse qui manie les appareils et tire les épreuves avec une réelle habileté. Grande, mince, les yeux pétillants d'intelligence, elle a dû être amputée de la cuisse droite pour une tumeur blanche du genou, mais son infirmité ne lui enlève rien de son activité.

La radiographie de mon genou montre que le condyle externe du fémur a été labouré par la balle qui a creusé un véritable sillon aux dépens de sa face externe sans déterminer ni fracture, ni brisure. Les cicatrices des orifices d'entrée et de sortie du projectile sont violacées; la peau sous la malléole droite est le siège d'un œdème assez accusé, le pied est recouvert d'une véritable carapace épidermique qui commence à craqueler, à se fissurer. Mon genou encore enraidi exécute cependant un début de flexion d'un bon augure, mais la jambe reste violacée, froide et peu sensible.

Le docteur Seubert me montre la radiographie d'un éclat d'obus entré par le sommet de la tête, chez un blessé français, et qui s'est enchâssé dans la masse cérébrale à cinq centimètres en avant de l'occiput. La blessure date de quatre jours, le blessé a un peu de fièvre et une légère obnubilation, mais sans troubles paralytiques ni morbides d'aucune sorte.

*26 septembre.* — Enfin! je reçois une lettre de ma chère femme, la première depuis ma captivité! C'est le professeur Ladame qui me l'envoie; elle est datée du 17 septembre, de Saint-Quay. La carte postale que j'ai adressée de Gomery, le 28 août, est arrivée à Saint-Quay le 15 septembre, au bout de 19 jours, soit 27 jours après ma blessure. Une première réponse que Ladame a dirigée sur le château de Gomery par l'agence Suisse des prisonniers de guerre ne m'est point parvenue.

Vers dix-sept heures, le docteur Seubert, tout joyeux, vient m'annoncer que nous partirons pour Bâle demain dimanche 27 septembre.

Sœur M... est toute attristée de notre départ; elle nous apportait une belle assiette de raisins! elle faillit lui échapper des mains, tellement sa surprise est grande! Notre joie du retour dans la patrie évoque en elle de tristes souvenirs, celui de ses parents, tous morts ! hélas ! puis de l'île Héligoland qui l'a vue naître ! « Je n'ai plus de famille, et jamais je ne reverrai ma patrie, dit-elle, douloureusement, je vivrai et mourrai en Allemagne, en Bade ! Que Dieu vous garde toujours », ajouta-t-elle, et des larmes, de vraies larmes voilent la douceur de ses yeux bleus.

Très remués nous-mêmes, nous la réconfortons de notre mieux ; nous lui disons toute notre gratitude émue ; elle nous serre affectueusement les mains et sa silhouette menue et discrète disparaît dans le couloir où on entend les gros rires des officiers bavarois. Nous ne la reverrons pas demain matin, au départ. L'oberine ne permet pas, en raison de sa frêle santé, qu'elle se lève de bonne heure.

Sœur M...! sœur M...! pauvre hirondelle captive, venue des mers froides et grises du Nord, dans vos beaux yeux mouillés de pleurs, j'ai cru voir fleurir le tendre myosotis de la blonde Allemagne, celle qui rêve, qui aime et qui souffre sous le joug oppresseur de la Prusse à jamais maudite et exécrée ! Vous avez été le coin de ciel bleu de notre captivité !

# CHAPITRE XIII

## DE MANNHEIM A PONTARLIER
### PAR BALE, BERNE ET VERRIÈRES

*27 Septembre*. — Dès le jour nous sommes sur pied pour faire un peu de toilette; nos pauvres uniformes sont sérieusement défraîchis, mais bien brossés, ils font encore figure à peu près convenable; notre petit bagage tient dans une musette de troupe.

A huit heures précises le docteur Seubert, accompagné de Frau Oberine, du pasteur Haag et de sœur Gretchen, frappe à notre porte. C'est le moment des souhaits, des remerciements et des adieux; un feldwebel en grande tenue va nous servir de compagnon, il est correct et gourmé. « Monsieur le professeur, me « dit Mme von C..., je ne peux pas souhaiter « la défaite de mon pays, mais chaque jour, « je demande au Seigneur de faire ce qu'il « estime le meilleur pour nos deux pays ». Com-

ment ne pas être touché d'une pensée aussi
délicate..., elle a une allure bien française et je
pense que Mme Fée a laissé réellement son
empreinte sur l'âme de son élève. Mais une
auto trépide à la porte, Seubert presse les
échanges de politesse, et bientôt nous roulons
vers la gare à travers de belles avenues alignées
au cordeau; nous traversons un grand parc,
encore quelques rues, et nous pénétrons dans
le petit salon du Commissaire militaire de la
gare; très aimablement il nous offre des cigarettes et nous prie de bien vouloir dire en
France tous les égards que l'on a eus pour
nous. Le rapide entre en gare; on nous a réservé
un compartiment de 1ʳᵉ classe, d'où les voyageurs civils sont expulsés en un tour de main,
sans beaucoup d'aménité. Le compartiment
est très confortable, recouvert de velours
rouge. Le docteur Favier, le fidèle Lucas et le
brillant feldwebel s'installent pendant que je
serre une dernière fois la main de cet excellent
docteur Seubert qui nous a réellement com-
blés d'attentions, sans y mettre le moindre
ostentation, mais avec une bonne grâce affectueuse et discrète, à laquelle je veux ici rendre
un sincère hommage.

Le moment du départ est venu!... Bientôt le
convoi file à toute allure; Mannheim n'est plus
qu'un souvenir! Nous traversons des plaines
sablonneuses où pousse une maigre végétation,

puis ce sont des forêts de pins, monotones, interminables. Nous voici enfin à Carlsruhe, l'élégante capitale du Grand-Duché de Bade. Un médecin-major, suivi d'un sous-officier, tous deux d'une tenue impeccable, nous cherchent du regard, puis se présentent à l'entrée du compartiment. Nous échangeons des saluts corrects et faisons les présentations réciproques. Ce confrère a été délégué « pour prendre « de nos nouvelles, savoir si nous sommes « satisfaits et si nous ne manquons de rien.... » Puis il nous fait part de ses doléances : on lit dans les journaux que les sanitaires allemands sont fort mal accueillis en France, injuriés, frappés même : récemment à la station française de Verrière, le personnel d'un lazaret a été lapidé par les ouvriers et les ouvrières françaises. Un peu surpris de ces remarques que je trouve singulièrement déplacées, en un pareil moment, je manifeste assez vivement ma surprise de ce manque de tenue de mes compatriotes, puis je finis par dire, en riant d'une façon ironique.

« Eh bien, mon cher collègue, si les vôtres « ont reçu des pierres à Verrières, nous avons « reçu des briques à Dillingen, alors nous « sommes quittes!... D'ailleurs en France « comme en Allemagne, on empêchera diffici- « lement le peuple de manifester violemment « ses opinions ». Le Stabarzt paraît acquiescer à cette observation, puis il ajoute, comme s'il répétait une leçon : « Nous espérons que vous « voudrez bien dire en France tous les égards « que nous avons pour le personnel sanitaire ; « votre grade et votre situation donneront cer- « tainement un grands poids à votre témoi- « gnage ». Cet incident se termine par de cor- rectes salutations, et bientôt la vapeur nous en- traîne dans l'Oberland Badois, pays pittoresque et montagneux qui rappelle la Suisse. Je remar- que combien la population est dense dans cette contrée ; les villages se succèdent à de bien courts intervalles ; on sent que ce peuple étouffe sur son territoire et on s'explique le vaste cou- rant d'émigration qui entraîne un flot d'Alle- mands dans les contrées moins peuplées et plus fertiles.

Le brave Lucas inscrit avec soin sur son car- net de route le nom des gares que nous tra- versons : Rastadt, Büll, Appenveier, Offen- burg, Riegel. Notre gardien s'en inquiète ; jusque-là il s'était contenté de dévorer conscien- cieusement, mais d'ailleurs discrètement, ses provisions de bouche. Il nous tend quelques journaux en ayant soin de nous signaler, avec insistance, les entre-filets où les Français sont accusés de violer outrageusement la Conven- tion de Genève!... C'est décidément une douce obsession chez les habitants de ce pays, que de voir la paille dans l'œil du voisin sans remarquer la poutre qui crève les leurs. Pour ne pas entamer une discussion pénible nous nous contentons de sourire sans nous départir d'une sérénité olympienne. Le paysage devient sauvage, des forêts de pins alternent avec des pâturages ; de hautes montagnes couvertes de neige font écran au fond de l'horizon. Le train s'arrête à Fribourg-en-Brisgau.

Encore un médecin-major sanglé dans sa tunique de coupe élégante, avec un pantalon dont les plis tombent solennellement sur de fines chaussures vernies : il parle français et se présente comme ayant mission de prendre de nos nouvelles et de s'informer de nos désirs. Il me vante l'installation confortable de l'hôpital dans lequel il soigne nos blessés, exprime le regret de ne pouvoir faire visiter son service et le désir que ses compatriotes trouvent en France le même accueil. Je le prie de croire que la France, dont l'esprit chevaleresque est légendaire, ne manque point à ce devoir d'humanité élémentaire. Il me tend alors, assez gauchement une belle enveloppe blanche contenant une coupure de journal dans lequel nous sommes violemment pris à partie. C'est encore la relation de l'incident de Verrières.... Décidément il a produit grand effet : je fais remarquer à mon collègue qu'un fait de ce genre doit être tout à fait exceptionnel en France, étant donné l'émoi qu'il me paraît causer en Alle-

magne. J'ajoute que j'ai été personnellement
témoin en Belgique de sévices autrement
graves commis par des soldats allemands sur
des blessés, des femmes, des vieillards ou des
enfants....

Le collègue allemand n'insiste point ; l'en-
trevue se termine avec la phrase stéréotypée et
officielle déjà entendue à Carlsruhe : « Nous
« espérons que vous voudrez bien dire en
« France les égards qu'on vous a témoignés
« et votre situation donnera un grand poids à
« votre témoignage ». La mise en scène est
décidément bien réglée par la discipline allemande.... Quel merveilleux automatisme, mais
que cette diplomatie est maladroite et dépla-
cée.... Le téléphone y joue un grand rôle d'une
station à l'autre, et les rôles sont tout à fait
bien appris.

Mais voici le Rhin, le vieux Rhin avec ses
coteaux, où la vigne accroche ses pampres
verts et évoque le nom des grands crus historiques. Le train arrive en gare d'Ottoberger :
Tout le monde descend.

Le feldwebel nous mène au commissaire de
gare, déjà prévenu. Une automobile attend
pour nous conduire en Suisse. L'officier allemand qui a pris place à côté de moi renouvelle des réflexions déjà mille fois entendues :
« Pourquoi vous êtes-vous alliés aux Anglais
« et aux Russes qui vous exploitent, alors que

« l'amitié allemande vous réservait l'empire du
« monde.... » Je connais cette antienne et ne
me donne pas la peine de répondre. Voici
enfin le poste-frontière : mon cœur commence
à battre ; quelques instants encore et nous
foulerons la terre de liberté, la Suisse bienveil-
lante et hospitalière. L'oberleutnant échange
quelques papiers avec un jeune officier suisse,
svelte et pimpant, puis la barrière internatio-
nale s'ouvre.... Le lieutenant suisse a rangé
les quinze hommes de son poste à la limite
de son pays. Il se raidit, au port du sabre,
dans une attitude martiale, et au moment
même où nous quittons le sol allemand, il
jette en français à sa troupe ce double commandement : « Portez armes ; présentez
« armes ». Puis il vient au devant de moi et
d'une voix vibrante et cordiale me dit : « Mon
« colonel vous n'êtes plus en Allemagne ».
Profondément ému de cet hommage rendu à
l'uniforme de mon pays, je salue longuement
le poste immobilisé sous les armes, puis je
serre avec effusion la main amie qui m'est
tendue. Moment inoubliable. Une émotion
poignante et douce remplit nos yeux de larmes....

Le lieutenant suisse nous entraîne jusqu'à
son poste ; vite on apporte des verres, où le vin
blanc pétille et nous portons un toast à la
France victorieuse sur la Marne, car on nous

apprend enfin la bonne, la réconfortante nouvelle ! Nous saluons ensuite la République amie, la Suisse, tout entière sous les armes, prête à défendre sa liberté et à couvrir nos frontières d'un bouclier protecteur. « Oui nous répète le lieutenant, vous les avez rossés (*sic*) « sur la Marne ! Tenez, voilà les journaux, « lisez, lisez ! Joffre, Foch, Gallieni, Dubail, « Maunoury, vous ont sauvés. Paris est « sauvé ! Ah, que nous avons tremblé pour « vous. Songez donc quel malheur c'eût été que « la défaite de la France », et nous choquons à nouveau nos verres, profondément touchés de cet élan du cœur qui nous remplit à la fois de gratitude et de fierté.

On téléphone notre arrivée à Bâle, distante de 5 kilomètres : une auto est expédiée avec deux capitaines sanitaires suisses : nous sommes accablés de questions sur les péripéties de notre aventure. A l'entrée de Bâle une charmante jeune fille descend le perron d'une élégante villa et nous offre des fleurs et des fruits superbes, poires et raisins. On nous conduit au buffet de la gare ; nous y sommes reçus par le vice-consul de France et ses aimables filles. Mlle Stoffel, amie du médecin-inspecteur Richard, chez lequel j'ai eu l'honneur de la rencontrer jadis, nous est présentée : on nous offre du linge, de l'argent ; on nous presse enfin de nous asseoir pour déjeuner. C'est l'accueil que reçoivent ici tous les rapatriés; la colonie française bâloise a organisé une souscription dont le produit, une vingtaine de mille francs, est employé à cette œuvre de patriotique charité. On veut des détails sur les atrocités commises à Gomery et à Ethe, sur les médecins, sur les blessés. Je narre, je donne des précisions sur les mauvaises heures comme sur les bonnes. Du tout, on bâtit rapidement un article qui parut dans le *Courrier de Lausanne*. Le temps passe vite au milieu de cette chaude sympathie et de ce bavardage: il est quatorze heures. Il faut se hâter de monter dans le train pour Berne : 3oo personnes au moins sont réunies, en un instant, devant le wagon où nous prenons place avec un capitaine sanitaire et un lieutenant d'infanterie et c'est au cri répété de « Vive la France » que nous quittons Bâle, en agitant nos képis pour saluer cette foule qui acclame notre chère patrie. Qui donc a soutenu que Bâle avait l'âme allemande ????

Nour remontons la vallée du Rhin, puis celle de l'Aar : prairies, chalets, torrents, petites gares fleuries défilent sous nos yeux- Ce qui me frappe le plus, c'est la foule d'hommes en armes qu'on rencontre partout? on se croirait aux premiers jours d'une mobilisation générale. Au fait, c'est bien cela; la Suisse est anxieuse, elle pense à la Belgique, elle se prépare, elle se

recueille. Notre passage provoque des manifes-
tations d'affectueuse solidarité : le cri de « Vive
la France » nous accompagne jusqu'à Berne.
Un peu avant notre entrée dans cette antique
cité, nous apercevons à la lumière du soleil
couchant, le grandiose et féérique panorama
de la Jungfrau, la vierge inviolée qui dresse sa
cime rose et blanche dans un flamboiement
d'apothéose.

Le commandat Pajot, délégué du Gouvernement fédéral, nous attendait à la gare et nous
conduit sans tarder dans un cabaret à la mode,
sous les arcades du centre de la ville. Les rues
sont bordées d'une foule joyeuse et bruyante,
attirée par l'exposition générale, ouverte depuis peu. On nous sert un dîner succulent ; des
truites, de la volaille, le tout arrosé d'excellent bourgogne et de champagne. Le toast à
la France termine cette fraternelle agape et
nous quittons Berne à 22 heures 40, au milieu d'un brouhaha indescriptible. Les trains
du soir sont bondés des visiteurs de l'Exposition, tous dans un état de douce gaieté. Mon
ordonnance Lucas est littéralement enlevé par
la foule et porté à bout de bras, jusqu'à son
wagon ; il est à moitié suffoqué, ses poches ont
été bourrées de cigarettes, de bonbons, de chocolat ; les femmes l'embrassent, on se le passe
de mains en mains, de bouche en bouche, il en
perd la tête ; sa figure douce et ses yeux bleus,

son costume d'artilleur lui valent un succès inimaginable. Enfin le train part mettant un terme à ces bruyantes effusions. Il est minuit quand le train s'arrête à Verrières-Suisse. Le maire du pays, M. Lambelet nous accueille au débotté et veut absolument nous offrir chez lui l'hospitalité la plus complète. Il habite une confortable maison bourgeoise à proximité de la gare. Mme Lambelet et ses filles nous attendaient dans leur salon, en élégante toilette du soir ; les présentations faites, on nous entraîne vers une table fleurie et somptueusement servie. Trois officiers suisses prennent place à nos côtés et nous sommes aimablement priés de raconter nos aventures en Allemagne. Au dessert, M. Lambelet, dans des termes émus, boit à la délivrance de la France, flambeau de la liberté et de la civilisation ; il nous dit quelle anxiété a étreint le monde entier quand la ruée allemande a failli consommer notre perte, et l'immense joie éprouvée à la nouvelle de la Marne libératrice.

Je lui réponds en célébrant la Suisse hospitalière dont nous sentons le cœur battre si près du nôtre. Une sympathie affectueuse nous unit, et dans ce milieu si doucement familial, nous vivons quelques instants inoubliables : on se sépare à regret, fort avant dans la nuit.

*28 Septembre.* — Un soleil radieux nous accueille au réveil. Il dissipe rapidement la légère brume qui voile encore prairies et sapins.

Un déjeuner intime nous réunit à la famille de notre hôte. Mlles Lambelet glissent dans ma sacoche d'excellents bonbons au chocolat pour mes enfants ; mais il faut songer aux adieux. Dans ce milieu ami, les sentiments, même les plus récents, acquièrent rapidement une intensité telle qu'on ne peut échapper à leur manifestation matérielle ; la sympathie et la gratitude mouillent toutes les paupières.

On annonce l'arrivée du capitaine Blondlot du 54.ᵉ régiment d'infanterie française, envoyé par le commandant d'armes de Pontarlier pour nous faire traverser la frontière. L'automobile est photographiée devant le perron de la maison avant de démarrer. Les mouchoirs s'agitent, on échange une dernière marque de bonne amitié, et nous perdons bientôt de vue la famille hospitalière dont notre mémoire gardera à jamais le souvenir.

Quelques minutes encore, et nous atteignons le poste international. On nous présente les armes, la chaîne est abaissée devant l'automobile.... Nous sommes en France ; oui, en France !..... Celui qui n'a jamais quitté sa patrie ne peut connaître la magie de ce mot et la sensation poignante dont il étreint le cœur.

Et voilà que de simples, d'humbles paysannes viennent à nous avec des fleurs des champs, nouées d'un ruban tricolore. Nous baisons pieusement ces fleurs et nos couleurs; elles nous accueillent si tendrement, et nous avons eu si grand peur de ne jamais les revoir!..... Terre de France si douce, si aimée, aujourd'hui meurtrie mais superbement dressée contre l'envahisseur, nous revenons à toi, le cœur plein d'espoir. Nous avons vu ton ennemi, nous connaissons ses ignominies et nous te trouvons belle et bonne, courageuse et admirable. Non, tu ne périras pas, car tu es le droit, tu es la justice, tu es l'espoir de la civilisation, tu es le flambeau qui éclaire le monde, et c'est pourquoi tes fils versent leur sang et meurent joyeusement pour toi... Je les ai vus, sous la mitraille qui déchire les chairs; sous les balles, au combat, comme au triste mur, où la fusillade immonde les cloue sans pitié, parce qu'ils sont tes enfants. Tous n'ont qu'un cri, le dernier qui s'échappe avec leur vie : « Vive la France! » C'est le cri de Hauteclocque mourant qui vibre encore à mon oreille!

Oui, la France vivra parce que nos chers morts ont donné leur sang pour elle. Glorieuse phalange, vous êtes le douloureux prélude de la victoire prochaine; vous êtes le courage, la vertu et le droit devant la force brutale et criminelle! Vous êtes les témoins superbes de la civilisation contre la barbarie. Dormez en paix votre sommeil, martyrs des sanglantes journées d'Ethe et de Gomery. Vos cendres enfanteront la victoire aux ailes resplendissantes, la victoire justicière et vengeresse!

# ÉPILOGUE


## QUELQUES RÉFLEXIONS SUR LE SERVICE DE SANTÉ DU CHAMP DE BATAILLE

Après une visite au commandant d'armes de Pontarlier et un arrêt de quelques minutes au bureau du télégraphe pour prévenir les miens de mon retour en France, je pris le train pour Dijon ; je rencontrai au buffet de cette gare un bon ami, le médecin principal Pouy, médecin-chef d'un important hôpital d'évacuation, dans lequel tant de blessés avaient déjà reçu des soins !

Un heureux hasard voulut que je pus prendre place dans un wagon réservé pour un ingénieur de la Compagnie P.-L.-M. Il venait de recevoir une mauvaise nouvelle ; son fils était blessé d'une balle, il se rendait à Paris pour avoir des renseignements précis. Grâce à ce patronage, je pus dormir la plus grande partie de la nuit. A 9 heures 23, notre train stoppe en gare de Lyon, le mardi 29 septembre, 58e jour de la guerre ; mon brave Lucas se sépare de moi pour rejoindre son dépôt au Mans[1].

Dans le milieu parisien ma mort était considérée comme certaine. La stupeur de mes amis fut grande de me revoir en parfaite santé, bien qu'obligé à me servir d'une canne.

Le très aimable secrétaire général d'une Société savante à laquelle j'avais l'honneur d'appartenir devait incessamment prononcer mon éloge funèbre ! Cette marque de sympathie posthume se transforma en affectueuses félicitations de la part de tous mes excellents collègues. Une famille amie de Bordeaux avait fait dire un service funèbre pour le repos de mon âme ; tous ses membres, unis dans un même sentiment d'affectueuse compassion pour les miens, y avaient assisté : je fus touché jusqu'aux larmes de cette marque d'attachement et de toutes celles que je reçus à cette époque, lorsque la nouvelle de ma survie se fut répandue. Et comme il faut toujours que le comique se mêle aux événements les plus tristes, je reçus, alors que depuis un an j'étais affecté au Ministère de la Guerre, un avis officiel annonçant ma présence constatée dans une

---

1. Lucas fut réformé dans la suite pour hémoptysies, puis incorporé à nouveau en vertu de la loi Dalbiez ; il fut affecté à la 22e section d'Infirmiers militaires.

ambulance du Luxembourg belge, ma disparition et ma mort très probable. L'administration est réellement d'une bonne volonté parfaite, mais elle n'est pas toujours heureuse dans ses procédés d'information.

Ma femme, accourue à Paris, dès le reçu de ma dépêche de Pontarlier, m'accompagna quelques jours en Bretagne, où près de mes enfants, en face de l'immense océan apaisant et vivifiant, je pus fixer en quelques notes les souvenirs de ce début de la grande guerre, avec l'intention de rendre hommage aux héroïques combattants de la bataille désormais tristement illustre de Charleroi : le combat de la 7ᵉ division ne fut qu'un court, mais sanglant épisode, des combats de l'aile droite.

Bien que mon expérience de médecin divisionnaire ait été limitée à une très courte période de la guerre de mouvement, j'ai pu faire quelques remarques relatives au fonctionnement du service de santé. Mes camarades auront peut-être plaisir à les connaître, bien qu'elles ne soient pas applicables dans leur ensemble à la guerre de stabilisation telle qu'elle a été pratiquée depuis.

Je me borne à énumérer ces observations sans grands commentaires :

## LE MÉDECIN DIVISIONNAIRE

1° SA PLACE AU COMBAT. — *Au combat*, si le médecin divisionnaire reste invariablement et étroitement adhérent à l'État-Major de la division, il s'expose à perdre rapidement le contact des régiments et des formations sanitaires ; il lui est difficile d'établir, en temps opportun, la liaison du service régimentaire avec les ambulances. Sa place est au poste de commandement, mais il faut que celui-ci se maintienne, en permanence, à une distance de 1500 à 1000 mètres de la ligne de feu malgré les allées et venues du général et que le front de combat ne soit pas trop étendu.

2° LIAISON DU COMMANDEMENT AVEC LE SERVICE DE SANTÉ DIVISIONNAIRE. — *a)* Il apparaît indispensable que l'État-Major divisionnaire adresse un duplicatum de tous ses ordres, d'une part au médecin divisionnaire, d'autre part au médecin-chef du train de combat qui se chargera à son tour de prévenir les médecins-chefs des formations sanitaires de la division.

Le Service de Santé doit en effet connaître, en temps opportun, tous les détails qui ont trait au fonctionnement, au ravitaillement (lieu, heure, itinéraire) et aux marches (point initial, heure du passage à ce point).

*b)* Pour que les ordres du quartier général

de la division soient transmis, en temps utile,
au Service de Santé de la division (médecin
divisionnaire et médecin-chef du train de combat de la division), il faut que le médecin divisionnaire maintienne en permanence, au poste
de police du quartier général divisionnaire
où sont réunis les agents de liaison de la division, deux cyclistes : d'abord celui qui lui est
normalement affecté, ensuite un cycliste
emprunté aux formations sanitaires du train
de combat, le plus souvent au groupe divisionnaire de brancardiers.

Il convient, en effet, de faire remarquer
que, dans la guerre de mouvement, les ordres
du Corps d'armée arrivent au quartier général
de la division généralement assez tard dans
la nuit, apportés par l'officier d'état-major
de liaison qui est allé au rapport du corps
d'armée. Dès son retour, les ordres de la
division sont arrêtés, rédigés, et il faut immédiatement, sans le moindre retard, qu'ils
soient transmis au médecin divisionnaire et
aux médecin-chefs des formations sanitaires
du train de combat. Or, il est rare que ces
deux autorités médicales occupent le même
cantonnement.

Il arrive même assez souvent qu'il y a un
réel intérêt à employer deux cyclistes pour
porter les ordres au médecin-chef des formations sanitaires du train de combat ; un cycliste

unique peut être attaqué, tué, se trouver indisposé, avoir un accident quelconque et alors les ordres n'arrivent pas.

*c*) Au voisinage de l'ennemi, il est nécessaire que les formations sanitaires du train de combat de la division, qui connaissent par la voie de l'ordre, le cantonnement du Q. G. divisionnaire, l'heure du départ et la direction générale de la colonne, envoient *automatiquement* et *sans ordre spécial*, au médecin divisionnaire leurs agents de liaison, c'est-à-dire les estafettes à cheval prévues dans le règlement. Cette façon de faire doit être invariable pour tous les agents de liaison des armes et services. Le jour de la bataille d'Ethe, les formations sanitaires de la 7ᵉ Division ne s'étant pas conformées à cette façon de faire, je me suis trouvé dans le village d'Ethe privé de cavaliers, disposant uniquement de deux cyclistes, incapables de remonter, sous les violents feux de barrage de l'artillerie ennemie, la côte très rude qui menait à l'arrière, à Gomery. Quand l'état-major de la division a voulu établir cette liaison entre l'avant-garde et le gros des troupes, il a fait des pertes énormes sans grand profit : un cavalier, partant en estafette isolée, aurait peut-être réussi à passer.

3° INSUFFISANCE DU PERSONNEL SUBALTERNE AFFECTÉ AU MÉDECIN DIVISIONNAIRE. — Matériellement, le médecin divisionnaire est fort

mal outillé pour établir la liaison technique
entre la division et les corps ou formations
sanitaires. Quand il reçoit des instructions un
peu étendues du directeur du Service de Santé
du corps d'armée, il doit en adresser de mul-
tiples copies à tous les médecins-chefs de
service des corps et des formations sanitaires
placées sous ses ordres; or, il ne possède ni
dactylographe, ni machine à écrire ou à poly-
copier, mais un unique secrétaire qui ne peut
suffire à une pareille besogne, surtout quand
la transmission de ces instructions a une certaine urgence.

En ce qui concerne la liaison technique du
médecin divisionnaire avec les corps de troupe,
l'envoi des situations-rapports est très irrégu-
lièrement effectué. Il y a des oublis, des re-
tards, des pertes, principalement quand les
troupes prennent leurs cantonnements un peu
tardivement dans la soirée.

Et cependant le médecin divisionnaire doit
régulièrement fusionner les dix situations-
rapports quotidiennes (4 régiments d'Infanterie, 3 groupes d'Artillerie, 1 compagnie du
Génie, 1 escadron de cavalerie, le quartier
général) en un seul état pour les adresser en
double expédition, au général de division et
au directeur du service de santé.

Le plus souvent, ces situations-rapports ne
parviennent au médecin divisionnaire qu'au

bout de 48 heures par la voie hiérarchique, c'est-à-dire par la division.

En conséquence, le Directeur du Service de Santé du corps d'armée ne les reçoit que le 3ᵉ jour, encore faut-il veiller avec soin à les envoyer en temps utile au quartier général de la division, c'est-à-dire à l'heure où part l'officier de liaison pour le corps d'armée.

En ce qui concerne les formations sanitaires, les situations-rapports sont généralement rapidement et régulièrement transmises. Il est bon de les faire réunir par le médecin-chef du train de combat de façon à ne déplacer qu'un agent de liaison, ou encore de le faire transmettre au médecin divisionnaire, pour chaque formation, par l'agent quotidien de liaison qui assure chaque jour le service postal.

4° NÉCESSITÉ DE DOTER LE QUARTIER GÉNÉRAL DE LA DIVISION D'UN MATÉRIEL MÉDICO-CHIRURGICAL. — Il est absolument nécessaire de doter le quartier général d'une division d'un matériel médico-chirurgical. Un panier passe-partout n° 6 peut suffire. A son défaut, le médecin divisionnaire est complètement désarmé au point de vue technique, alors que cependant il est le seul représentant du Service de Santé dans un groupement de 80 personnes qui comprend, en majorité, des officiers de toutes armes ou services.

Il est à noter que le quartier général a le plus

ordinairement un cantonnement spécial et assez distant de celui des formations sanitaires du train de combat, ce qui ne permet pas d'escompter leurs ressources.

Il en résulte qu'en station, en marche ou sous le feu — ce qui est bien plus grave — le médecin divisionnaire est dans l'impossibilité de rendre le moindre service médico-chirurgical au groupe dont il partage la vie et les risques quotidiens, ce qui est du plus fâcheux effet, et le place dans une situation des plus pénibles.

5° QUELQUES DESIDERATA AU SUJET DU PERSONNEL, DU MATÉRIEL ET DU FONCTIONNEMENT DES FORMATIONS SANITAIRES DE LA DIVISION. — Il paraît indispensable que chaque ambulance divisionnaire compte parmi ses six médecins au moins deux praticiens nettement spécialisés dans la pratique chirurgicale de façon à pouvoir pratiquer toute opération urgente, et diriger les autres médecins en matière de pansement, ainsi que pour l'application des appareils de contention.

Dans la constitution du groupe de brancardiers divisionnaires, il faut prévoir un médecin du cadre actif comme médecin-chef, un officier du train, et non un simple adjudant qui n'a pas l'autorité suffisante, puis un officier d'administration de l'armée active ayant l'habitude du commandement. Le groupe de brancardiers divisionnaires constitue une unité militaire importante exigeant des officiers énergiques parfaitement au courant de leurs obligations.

Il paraît indispensable de familiariser, dès le temps de paix, tous les officiers du service de santé avec le mécanisme du ravitaillement en vivres en temps de guerre ; sinon les formations sanitaires sont exposées à manquer des ressources les plus élémentaires, ou se trouvent dans l'obligation d'employer leur fonds de réserve à acheter des vivres sur place — encore faut-il qu'elles en trouvent !

C'est ainsi que l'ambulance 2, cantonnée à Merle, n'ayant pas été prévenue par le médecin-chef du train de combat de l'heure et du lieu de ravitaillement qui avait cependant été communiqué à Villers-les-Mangiennes, se trouva, certain jour démunie de vivres et dut acheter et abattre sur place une génisse.

Il arriva également certain jour que l'état-major de la division oublia les formations sanitaires dans l'ordre de ravitaillement ; il appartient au médecin divisionnaire de veiller à ne pas laisser ces lacunes se produire ou se renouveler.

6° AU SUJET DU FONCTIONNEMENT DU SERVICE DE SANTÉ SUR LE CHAMP DE BATAILLE ; LES POSTES DE RECUEIL ; LES POSTES DE SECOURS. — Le règlement sur le service de santé de 1910 avait prévu que les premiers soins aux blessés pourraient être donnés sur le champ de bataille même, en installant des postes de recueil dans des points relativement défilés aux vues de l'ennemi.

Il fut impossible d'installer ces nids de blessés le jour de la bataille d'Ethe, en raison des tirs de barrage et des terribles rafales du feu de l'artillerie. Dès que l'ennemi apercevait ou soupçonnait un groupement d'hommes quelconque, il l'inondait de projectiles, tuant ou blessant le personnel du service de santé et infligeant de nouvelles blessures parfois mortelles aux malheureux qui croyaient avoir trouvé un refuge.

Les postes de secours fonctionnèrent utilement au village de Gomery et au château de Gomery à 2 kil. 5oo environ de la ligne de feu.

Les ambulances surprises par le feu de l'artillerie à longue portée à 6 kilomètres du combat, alors qu'elles étaient en route pour venir à Gomery, s'arrêtèrent à Ruette puis firent demi-tour. Elles auraient pu venir s'installer à Gomery pour la 14ᵉ brigade, à Bleid pour la 13ᵉ brigade, et auraient rendu de grands services. Il est vrai qu'elles seraient tombées aux mains de l'ennemi, mais peut-être les Allemands auraient-ils hésité à massacrer les blessés de formations sanitaires importantes et régulièrement installées.

De Gomery on pouvait évacuer par voie ferrée

sur Saint-Mard et Virton; par voie de route sur Ruette, Maison-Blanche, Allondrelles, Charency.

De Bleid, l'évacuation par voie ferrée était possible par la gare de Signeul sur Montmédy.

Gomery et Bleid, bien qu'à proximité du champ de bataille étaient bien défilés derrière une croupe boisée; les effets du feu ne s'y firent point sentir, les obus fusants éclataient trop haut et ne causaient des dégâts que dans les toitures.

7° UTILITÉ D'UN MODÈLE SPÉCIAL DE PETIT PANSEMENT. — Les médecins des corps de troupe et des formations sanitaires furent unanimes à réclamer un modèle de petit pansement tout préparé pour les blessures des extrémités des membres, doigts et orteils. Ce serait une économie; on éviterait de gaspiller des pansements individuels, ou même des pansements plus volumineux.

8° REMARQUES SUR LES INSIGNES DE NEUTRALITÉ. — Le personnel couvert par la Convention de Genève n'est pas, en France, suffisamment désigné par ses insignes; c'est du moins la réflexion souvent faite par les officiers et les médecins allemands. Ils en prirent souvent prétexte pour ne pas reconnaître leur qualité et pour les molester.

Notre brassard est de dimensions trop exiguës; la plaque d'identité ne porte aucune mention permettant d'identifier le personnel du service de santé.

Chez les sanitaires allemands on trouve, multipliés et très apparents, les insignes de la Convention de Genève :

1° Brassard haut et large entourant la presque totalité du bras ;

2° Insigne de la Croix-Rouge sur le bandeau de la casquette ; sur les écussons du col rabattu de la tunique ; sur les boutons métalliques de la vareuse (croix-rouge en relief) ; sur une médaille spéciale qui s'ajoute à la plaque d'identité ; celle-ci porte d'ailleurs pour les médecins la mention « Artz-Officier », et enfin, sur le bras gauche, où se retrouve un caducée brodé, du moins chez les hommes de troupe et les sous-officiers.

En ce qui concerne les fanions, l'insigne de la Croix-Rouge devrait être apparent sur les deux faces, et les formations devraient en posséder un jeu de rechange en raison de leur usure rapide par les intempéries, et aussi de leur destruction assez fréquente par les projectiles.

Je pense qu'il n'est pas sans intérêt de faire suivre ces quelques remarques de la traduction que j'ai faite d'un chapitre des Mémoires du D<sup>r</sup> Ernest Bergmann, le célèbre chirurgien allemand. Il y décrit les difficultés de tous genres que rencontre la chirurgie du champ de bataille dans les combats qui mettent aux prises de gros effectifs avec de puissants moyens de destruction. Ces considérations, provoquées par l'expérience des grandes rencontres entre Français et Allemands sous les murs de Metz, en 1870, sont encore partiellement applicables aujourd'hui, après cinquante ans de distance, aux actions de grande envergure qui ont un même but, rompre le front de l'adversaire.

## LES MÉMOIRES D'ERNEST BERGMANN

1° LA CHIRURGIE DU CHAMP DE BATAILLE[1]. — On peut affirmer que les règles de la chirurgie du champ de bataille sont, à notre époque parfaitement déterminées; le médecin doit avant tout considérer, comme une ligne de conduite invariable, qu'il doit bien se garder de faire des pansements mal appliqués et à la légère. Avec les masses qui sont actuellement conduites au feu, le médecin est incapable d'embrasser d'un coup d'œil le champ de bataille; la masse des blessés qui couvre le terrain sur un parcours de mille au carré n'est pas très éloignée de celle des combats des Huns dans les champs catalauniques. Le seul corps d'Avensleben perdit dans le combat de Mars-la-Tour plus d'hommes que toute l'armée autrichienne dans la sanglante bataille de Magenta. L'ensemble du combat de Sedan se déroula entre trente villages

1. Ernest VON BERGMANN. VON AREND BRICHOLZ. Leipzig, 1913.

ou petites villes ; à Bazeilles, les Bavarois s'avan-
cèrent d'abord en combattant sur l'espace d'un
demi-mille (4 km. 5oo), puis furent refoulés d'autant, et enfin supportèrent le choc suprême de
l'armée impériale. En présence d'une pareille
situation, le secours médical ne consiste pas en
autre chose que dans le relèvement et le transport
des blessés. Le professeur de chirurgie en fait là
ni plus ni moins que le plus jeune étudiant, les
ecclésiastiques pas moins que les médecins. Quand
un soldat est frappé par les projectiles de l'ennemi,
au point qu'il ne peut se traîner lui-même plus
loin, il cherche par tous les moyens à échapper au
champ de bataille ; cela se comprend de soi-même,
car aussi longtemps qu'il reste dans la région où
pleuvent les balles, il demeure exposé à de nouvelles blessures. Horrible est la situation de celui
qui gît sur le sol avec une jambe brisée, et qui ne
peut ni se relever, ni se porter en arrière. Plusieurs milliers de blessés ont péri, non point du
premier coup qui les a couchés à terre, mais du
troisième ou du quatrième coup qui les a frappés
alors qu'ils étaient déjà étendus sur le sol. Cela
est surtout vrai pour le tir des mitrailleuses qui
peuvent débiter 6oo balles à la minute, ou pour les
obus fusants. J'ai moi-même traité un Hessois de
Fulda, qui dans le combat de Wœrth avait eu la
cheville broyée par une balle, et qui, incapable de
se mettre à l'abri, avait été ultérieurement atteint
de treize balles. A ce point de vue, la situation
la plus terrible fut celle de la garde prussienne
devant Saint-Privat. Les hommes avaient avancé
sous un feu meurtrier que les Français dirigeaient

sur eux par les ouvertures percées dans les murs
du village au moment du recul. Ils cherchaient
derrière les arbres, les buissons et dans les fossés
un abri, d'autant que l'artillerie tirait par-dessus
leur tête pour démolir les murs du village, et
qu'ils eurent encore à supporter une charge à la
baïonnette que les Français poussèrent avec leurs
hommes contre les Saxons qui les prenaient de
flanc. Mais il se passa bien une heure avant que
l'artillerie eût cessé le feu, et pendant tout ce
temps, et depuis le premier assaut, ils restèrent
exposés dans les champs dénudés en avant de ce
village. Plus tard, quand on voyait dans les hôpitaux un blessé percé de cinq ou six balles, on
disait de lui : « C'est un garde de Saint-Privat ».
Les maîtres en l'art de la guerre se vantent que les
projectiles des armes modernes tombent si dru sur
le sol que celui-ci est nivelé comme par un rasoir.
Quand la chose est possible, le blessé s'abrite au
fond d'un fossé protecteur, derrière le tronc d'un
arbre, ou même dans les sillons d'un champ
labouré. Le malheur rend ingénieux. Si la jambe
est brisée, le blessé s'assied, porte ses bras en
arrière, pose les mains sur le sol et tire après lui
le corps et le membre brisé. C'est dans une pareille situation que se trouvèrent de nombreux
Silésiens qui, au cours de la bataille de Woerth,
furent blessés sur les hauteurs après avoir traversé la
Sauer et s'être traînés en arrière jusqu'au lit de cette
rivière. Ils plongeaient leurs membres blessés et
brûlants dans l'eau fraîche, et quand les balles ennemies sifflaient sinistrement au-dessus du fleuve, ils
se trempaient jusqu'au cou dans le flot protecteur.

Le devoir du médecin sur le champ de bataille consiste donc uniquement à donner des règles de travail et à diriger les compagnies sanitaires. Le médecin ne s'occupe que du triage des blessés. Il envoie celui-ci là, cet autre d'un autre côté; là celui qui a un membre fracturé, ici celui qu'il doit plus tard amputer, et ainsi de suite. Il ne peut être question ici d'une opération ou d'un pansement; celui qui saigne peut continuer à saigner : « C'est la guerre ! »

Peut-être est-on conduit à être aussi dur et sans pitié parce qu'on se rend compte que le véritable secours médical ne peut se donner efficacement qu'au deuxième jour. Actuellement, un médecin qui, par pitié, par zèle, par dévouement, désir d'être utile, voudrait exercer son art au milieu de la pluie des balles, perdrait son temps. Les malades sont mélangés dans un chaos semblable à celui où ils sont tombés sur le champ de bataille; on les apporte les jours suivants, pêle-mêle, soit dans le château, soit dans la mairie ou la maison d'école; là, il arrive souvent que ce sera le quatrième jour ou même encore plus tard qu'il pourra être question d'un interrogatoire des blessés, d'un durable pansement ou d'une amputation. Il ne faut pas se dissimuler que les négligences du début expliquent les défectuosités de notre assistance ultérieure qui serait sans cela plus habile, mieux adaptée; seulement, quand on parle d'un secours médical cela veut dire une assistance aussi parfaite que possible, tandis qu'il n'y a pas d'autre secours possible que de relever les blessés et de mettre un peu d'ordre parmi eux, de les trier. En temps de paix, le médecin arrive près d'un malade installé et couché pour le traiter. En temps de guerre, le médecin marche avec chaque armée au milieu des circonstances défavorables d'un combat ininterrompu, et partage avec le soldat les fatigues et les dangers. Il emploie toute son activité d'abord pour trouver un lit au blessé, puis pour l'amener dans ce lit. C'est la première partie de son rôle sur le champ de bataille et peut-être la plus capitale. Il doit ensuite se donner de la peine pour procurer l'abri, la nourriture et la boisson, et cela exige du médecin autant de savoir, de jugement, d'énergie et de résolution qu'il n'a l'occasion d'en déployer jamais en temps de paix.

2° INSUFFISANCE TECHNIQUE DES JEUNES CHIRURGIENS DANS LES AMBULANCES. — Mais, si la ville de Mannheim avait envoyé tous ses meilleurs médecins, il y avait un manque sensible de chirurgiens. Les jeunes médecins sans expérience ne se souciaient guère de remplir ce rôle et s'entendaient si peu à la pratique et l'art chirurgical qu'ils suturaient les plaies par coups de feu, et plaçaient des bandages plâtrés d'une façon si incohérente que souvent les infirmières-majors devaient les refaire d'après les règles de l'art quand les médecins avaient le dos tourné. Ce triste état de chose et les plaintes des malades qui se trouvaient privés de tout secours médical et entendu stupéfiaient les pauvres infirmières-majors qui se désolaient et étaient presque désespérées, quand enfin arriva Volkmann. Mlle Porbeck le promena de salle en salle, et osa lui présenter la requête de doter le lazareth d'un chirurgien expérimenté. Il s'aperçut lui-même bientôt combien celui-ci était nécessaire dans le cas présent. Quand il entra dans la salle d'opérations, ceci est mentionné dans le journal quotidien de Mlle Porbeck, un malade se trouvait sur la table. Il l'examina, puis s'adressant, sans y mettre aucune affectation, aux médecins : « Tiens, voici une blessure par balle dans un œil, approchez donc Messieurs! Un scalpel. » Il le prit et en quelques coups rapides termina des tentatives qui duraient depuis trois heures. « Un pansement », et le blessé fut pansé selon toutes les règles de l'art. Alors la Supérieure le pria de voir un malade qui était arrivé avec un coup de grenade dans le bras et auquel les médecins avaient annoncé qu'il fallait lui couper ce bras. La Supérieure avait dit à ce pauvre blessé, qui tremblait de fièvre, d'avoir bon espoir et lui avait promis de le montrer à Volkmann. Alors, elle l'arrêta auprès de son lit. Au milieu d'un silence général, il l'interrogea et s'écria d'une voix brève et ferme : « Pour l'amour de Dieu, Messieurs, à quoi pensez-vous? Ce bras peut être conservé ». Il retira quelques grosses et petites esquilles, appliqua un pansement et termina par cette courte remarque : « Je vois que nous avons besoin d'être aidés, je reviendrai demain ». A quelques jours de là, le 9 août, il présenta à la Supérieure une homme de belle prestance, portant une élégante jaquette courte et un large chapeau calabrais brun clair, le docteur Bergmann de Dorpat, et à partir de ce moment le travail marchait que c'était une joie, chacun volait pour lui venir en aide. Après que, dans la même journée, Volkmann lui eût vu pratiquer trois grandes opérations, il prit congé en disant ces mots : « Je vois que je laisse ce lazareth en bonnes mains ».

On le voit, l'histoire se répète ; toutefois, le progrès accompli est immense et indéniable ; l'organisation actuelle de notre service de santé du champ de bataille fait ressortir, pour tous les témoins et les juges impartiaux, les heureuses transformations accomplies ; le blessé de la Grande Guerre trouve à courte distance, grâce au progrès des moyens de transport et à une sage organisation, un chirurgien habile disposant des moyens d'action les plus perfectionnés : le secours va au blessé, le plus près possible du blessé, et dans le moins de temps possible. Et cependant ! quand sous la rafale des projectiles le nombre des glorieuses victimes de la bataille atteint en quelques heures un chiffre très élevé, il arrive encore qu'elles attendent trop longtemps le secours et que le feu aveugle leur inflige de nouvelles blessures. Nous en sommes alors réduits à répéter avec le chirurgien allemand : « C'est la guerre ! la triste guerre !! »

# TABLE DES MATIÈRES

—




80047. — Imprimerie générale Lahure, rue de Fleurus, 9, Paris.